知的生きかた文庫

超訳　言志四録
佐藤一斎の「自分に火をつける」言葉

田口佳史

三笠書房

はじめに

「自分を変える秘訣」は佐藤一斎に聞け！

自分の人生は自分でつくるしかありません。

誰も助けてはくれないし、誰も助けることはできないのです。

「自分が、自分で、より良くするしかない」——それが人生です。

「自分で自分に火をつける」しかないのです。

しかしいまの世の中、ますます人間関係は複雑になり、一寸先は闇、想定外のことが襲ってくるし、新しい技術や知識はどんどん出てきます。外国の人や情報も多量に入ってきます。

「生き馬の目を抜く」とはまさに今日の社会のこと。実に生きづらく、難しい時代なのです。どうしたらよいのか。

何と言っても、こうした時こそ経験と学識がともに充分な老練の指導者に学ぶのが最良なのです。

「佐藤一斎」こそがうってつけの人物です。一五〇年前の日本の大転換期・幕末において、これほど多くの英傑を育成した人はいません。

実際、あの時代に国を動かした志士、新政府高官のほとんどは、一斎の直弟子か孫弟子に当たる人物なのです。

数千人に上る直弟子には、たとえば佐久間象山《しょうざん》がいます。その象山の門下から、勝海舟、坂本龍馬、吉田松陰、小林虎三郎らが輩出されました。

さらに、吉田松陰の門下からは高杉晋作、久坂玄瑞《くさかげんずい》、木戸孝允《たかよし》、伊藤博文、山県有朋《ありとも》などが出ています。弟子筋ではないけれど、西郷隆盛は流罪先の沖永良部島で一斎の語録『言志四録《げんししろく》』を一心に読み、後年、そこから百一箇条を選んで『手抄言志録《てしょう》』を著したことで知られています。

一斎の名を知らなくても、いまあげた人物の名を知らない人はいないでしょう。一斎とその師弟の系譜を見ていくと、彼らの目覚ましい活躍を指導者として支えたのが一斎であることは一目瞭然です。

一斎は一七七二年、江戸浜町にあった美濃国（現在の岐阜県）巌邑《いわむら》藩藩邸に生まれました。

佐藤家は曽祖父周軒《しゅうけん》の代から儒学で藩に仕えて家老となった家系。一斎も幼少のころより四書五経をはじめとする儒学の経典に親しみ、その学識は十二、三歳でもう「成人のごとし」と言われたそうです。

そして、十九歳で士籍に上り、後の幕府大学頭・林述斎《じゅつさい》とともに学びました。その後、二十一歳で願いによって士籍を脱し、一年ほど諸国で見聞を広めました。

儒学で身を立てることを決意したのは二十二歳のときです。

さらに十二年後、三十四歳のときには幕府大学守林家の塾長となり、五十五歳で巌邑藩の老臣、七十歳で林羅山の創設した家塾に始まる昌平黌《しょうへいこう》の儒官を務めました。八十八歳で官舎で亡くなるまで、儒学への追求はやむことがなかったと言います。

そんな経歴を聞くと「青白きインテリ」をイメージするかもしれませんが、若いころの一斎はどちらかと言うと〝体育会系〟。

剣術や柔術の腕は相当なもので、「吉原土手で放蕩者相手に自分の腕っぷしの強さを確かめていた」なんて逸話も伝わっています。

つまり、一斎は学者というより武闘派、論理的人間というより行動派のイメージ。

抜群の身体機能を有し、体力自慢の強い肉体にあふれんばかりのエネルギーを蓄え、それがあるときから一途に学問に向けて注がれました。

だからこそ、一斎はスケールの大きな学者になったし、学びと行動が直結する教えを説くことができたのでしょう。

「真面目一本槍」ではない一斎だからこそ、人々の心に火をつけることができたのです。


彼の言葉のなかから、その激しい性格を端的に表しているものをご紹介しましょう。

学《がく》に志《こころざ》すの士《し》は、当《まさ》に自《みずか》ら己《おのれ》を頼《たの》むべし。人《ひと》の熱《ねつ》に因《よ》ること勿《なか》れ。

1章でくわしく解説しますが、「誰か勉強熱に火をつけてくれないかなあ」と人頼みにしているようでは、人間ダメなのです。「自分で自分に火をつける」くらいでなくては、お話になりません。

本書が読み説く『言志四録』は、一斎が一八〇五年に林家の塾長になって以来、塾生たちに講義をしてきた、その記録です。

全部で四冊の書物から成っています。

最初の『言志録』は、一八一三年から約十一年間に渡って書かれ、一八二四年に刊行されたもの。全二四六条です。

次の『言志後録』は、五十七歳から約十年がかりで書かれた二五五条から成り、その後の約十二年間で書き上げた二九二条から成る『言志晩録』とともに一八五〇年に出版されました。

そして、四冊目の三四〇条から成る『言志耋録《てつ》』は、八十歳のときに起稿し、わずか二年後に出版されました。老いてなお衰えない筆力には驚くばかりです。

こうして約四十年におよぶ歳月を賭して著された大作『言志四録』は、四冊全部合わせて一一三三条に上ります。

本書では、そのなかから九十条を厳選して解説します。どれも、幕末を生きた一斎の生々しい感覚を如実に伝える、珠玉の言葉たちです。
今後を志高く、正しく、豊かに、そして愉快に生き抜くための指南としていただければ幸いです。

田口佳史

もくじ

1章 向上心に火をつける
──「本気」にならなければ人生は開かない

2章 好不調の波にうまく乗る
——運も実力もつかむ人の考え方

3章 仕事人生を好転させる
――いかにして仕事を面白くするか

4章

「人間通」になる

――人の本性を見抜き、人を味方につける秘訣

5章 世の中の法則と一体になる

――欲を制して視野を広げる

6章 人間の器を大きくする

――決め手は「胆力」、そして「覚悟」

7章

人の上に立つ極意をつかむ

──「必ず頭角を現す人」の条件

編集協力／千葉潤子・岩下賢作
本文ＤＴＰ／株式会社 Ｓｕｎ Ｆｕｅｒｚａ

1章

向上心に火をつける

――「本気」にならなければ人生は開かない

1 「火が欲しいなら、自分で火打石を打て」

あなたは子どものころ、親から「勉強しなさい」と口やかましく言われませんでしたか？　それで「はい、わかりました。一生懸命勉強します」と言って重い腰を上げる……。そんな感じの子どもだったのではないでしょうか。

勉強しないよりはマシとはいえ、人から言われて学ぶようではいけません。一斎流に言えば、それは学問ではないのです。「もう勉強はやめなさい」と言われてもやる、親に隠れてでもやるくらいでないと、一流にはなれません。

学《がく》に志《こころざ》すの士《し》は、当《まさ》に自《みずか》ら己《おのれ》を頼《たの》むべし。人《ひと》の熱《ねつ》に因《よ》ること勿《なか》れ。

これは『言志耋録《てつろく》　一七』にある言葉。

「誰か、勉強熱に火をつけてくれないかなぁ」などと人頼みにするのではなく、自分から進んで学ぶのが本来の学問なのです。

ここで一斎は、漢の武帝の時代に編纂された『淮南子《えなんじ》』という思想書にある言葉を引いています。

「火《ひ》を乞《こ》うは、燧《すい》を取《と》るに若《し》かず。汲《きゅう》を寄《よ》するは、井《せい》を鑿《うが》つに若《し》かず」というのがそれ。「火が欲しいなら、自分で火打石を打て。水が欲しいなら、他人の汲み水を当てにしないで、自分で井戸を掘れ」と言うのです。

文字通りの意味に受け取ると、「ありえない！」と思うでしょうが、表現としてはちょっとおもしろいでしょう？　何をするにもそのくらいの覚悟を持って、自力でやらなければダメだ、ということです。

ともあれ、自発的に学ぶには、心から「楽しい」と思えることが必要です。

学問とは不思議なもので、あんまりやらないとつまらないけれど、やればやるほどおもしろくなってきます。習得すればするほど、もっと習得したい気持ちが強くなるのです。

私もそう。昔は漢文を読むのが苦痛でした。それでも少しはおもしろいなと感じるところがあったので、読み続けてきました。すると、読めば読むほど楽しさがまさってきて、いまでは「漢文でなければおもしろくない」ほどです。

そういう心の状態は、『言志耋録　三七』で「心《こころ》に和《わ》楽《らく》する所《ところ》有《あ》って之《これ》を成《な》す」と一斎の言う「和楽」です。

「和む」とは、五味――酸っぱい・甘い・辛い・苦い・塩辛いがいっしょになって、何だかよくわからなくなること。でも、それぞれの味がチラチラと感じられる。私たちがふだん食べている「和食」には、そういう意味合いがあります。

「楽」は文字通り、楽しむこと。五味が一つに溶け合いながらも、決して単調ではない、その味わいを楽しむのが「和楽」です。

学びというのは、この「和楽」を感じたときに楽しくてしょうがなくなる。結果、学業が成就する、ということです。

❷「自己向上メカニズム」を自分の中につくる

「天気予報では、今日は晴れると言っていたじゃないか」

「何なんだ、春だというのにこの寒さは」

人はよく、天候に関する不満を口にします。

一斎の時代もそうだったようです。「天候が、暦から思い描くのとは違う様相を呈すると、人々は不平を洩らす」と言っています。「**寒暑《かんしょ》の節候《せっこう》、梢暦本《ややれきほん》と差錯《ささく》すれば、人其《ひとそ》の不順《ふじゅん》を訴《うった》う**」（『言志耋録　七四』）というふうに。

「でも、自分はどうなんだい？」と一斎は疑問を投げかけます。

「言うことと、やることが違っていないかい？　天候よりもそっちを反省することのほうが、ずっと大切なんだよ」と言うのです。

自分のことを棚に上げて、誰かを非難したり、攻撃したりする人は少なくありません。でも、それでは自分自身を向上させることはできないのです。誰かに対して、何かに対して不平を言う前に、「じゃあ、自分はどうなのか」を問う。自分のなかに、そういう「自己向上メカニズム」を持ちましょう。もし、天気予報が当たった・はずれたと騒ぐ人がいたら、心のなかで一斎のこの言葉をつぶやいてください。

我《わ》れの言行《げんこう》、毎《つね》に差錯《ささく》する有《あ》れども、自《みずか》ら咎《とが》むるを知《し》らず。何《なん》ぞ其《そ》れ思《おも》わざるの甚《はなは》だしき。

3 「もっともっと」と貪欲に

人の話を聞くと、もっと聞きたくなる。本を読むと、もっと読みたくなる。そんな具合に、好奇心や知識欲にいったん火がつくと、「もっと、もっと」の気持ちが膨らんでいくものです。それが、向上心――「資善の心」の正体です。

吾既《われすで》に善《ぜん》を資《と》るの心《こころ》有《あ》り。父兄師友《ふけいしゆう》の言《げん》、唯《ただ》聞《き》くことの多《おお》からざるを恐《おそ》る。読書《どくしょ》に至《いた》りても、亦多《またおお》からざるを得《え》ん。聖賢云《せいけんい》う所《ところ》の、多聞《たもん》多見《たけん》、意《い》正《まさ》に此《かく》の如《ごと》し。

『言志録　一四』のこの言葉は、聖人・賢人の言う「多聞多見」の本当の意味を、一斎がわが身に重ね、咀嚼《そしゃく》して示しています。

向上心があると、父や兄、先生、友人たちの話をいくら聞いても「もうたくさんだ」などと思わず、「聞き洩らしたことがあったらどうしよう。もっと大切なことを聞き忘れているかもしれない」と心配する。どんなにたくさんの本を読んでも、読みたい本がどんどん出てきて、なお「読んでおくべき本がもっとあるはずだ」と思う。そういう気持ちになることだとしています。

つまり、向上心にゴールはありません。どれほど多聞多見になってもなお、「もっと、もっと」と多くを求める気持ちを持ち続けることが大切なのです。

これに関連して、『論語』の「為政第二」に、いい話があります。

弟子の子張が「先生、いい給料をもらうには、どうすればよいでしょうか」と尋ねたときの孔子の答えが実に的を射ているのです。超訳すると……。

「まず、多くのことを聞きなさい。それを整理したうえで、自分にはまだよくわかっていないと思う事柄をふるいにかけなさい。そして、しっかり理解したことだけを話すようにすれば、正しいことを言う人だと、信を置かれる人間になれるよ。

また、多くのことを見るのも大事だね。そのなかで、自分にはうまくできそうもないことを除いて、自信を持ってできることだけ実行するようにしたら、後悔することが少なくなるよ。

この二つを実践すれば、きっとよい給料が得られるはずだよ」

ようするに、ちょっと聞きかじったことや思いつきではなく正確にものを言い、行ないに危ないところがなく自信を持って事に当たる。そういう人は、いろんな会社から「ぜひ、うちへ」と引く手あまただ、ということです。

よく「孔子の言うように、聞いたこと・見たことをふるいにかけたら、何も残らないんですよ」なんて質問をされます。そんなふうにならないためにも、「多聞多見」を心がけることが大切だと言えそうです。

④「文」を学び、「行」を学び、そして「心」を学ぶ

『言志耋録　一』で、一斎は「学びには三段階ある」と言っています。その三段階とは何なのかを述べたのが次の文章です。

初《はじめ》には文《ぶん》を学《まな》び、次《つぎ》には行《こう》を学び、終《おわり》には心《しん》を学ぶ。然《しか》るに初の文を学ばんと欲《ほっ》する、既《すで》に吾《わ》が心《こころ》に在《あ》れば、則《すなわ》ち終の心を学ぶは、乃《すなわ》ち是《こ》れ学《がく》の熟《じゅく》せるなり。

まず「文を学ぶ」。ここで言う「文」とは、文学とか文化、文章ではなく、「教養」を意味します。

由来は、古代人が災厄や疫病から身を守るために、あるいは身分や所属を示すために体に彫った「文身」と呼ばれる入れ墨。時を経てそれが「身を飾るもの」となり、孔子の時代には、転じて「教養」という意味になりました。「身を飾るものといえば、彫り物ではなく教養でしょう」というわけです。

さらに言えば、「文章」というのは、いまは文字を連ねて何かを表現するものですが、当時は「文（教養）を明らかにする」ことを意味しました。

だから「教養がないなぁ」と思う人は、発憤してください。それが「初には文を学ぶ」ことなのです。

次の段階が「行を学ぶ」。実践躬行《きゅうこう》、学んだことを自ら行動することです。前に述べたように、知識を得るだけではダメなのです。

そして三段階目が「心を学ぶ」。最終的には心の問題になってくる、としています。ただ「よくよく考えてみると、最初に教養が足りないなと思った時点で、すでに心があったじゃないか」と、一斎は言います。

ということは、三つの段階があるにせよ、根っこにあるのは心。一番大事なのは終始一貫して心を発憤させることなのです。

5 学んだら〝即実行〟を

仏教には坐禅という行法があります。背筋を伸ばして静かに座り、精神を集中させて心の安定を得るものです。

その坐禅と儒家の思想には、決定的な違いがあります。それは「知行合一《ちこうごういつ》」。学んで知識を得ることと、行動することを同時一源のものととらえています。

つまり、行動がともなわなければ、学ぶ意味がないということです。

一斎は『言志後録　二』で、

「舜公《しゅんこう》は早朝から夜遅くまで国民のことを考えて善行をなそうと努めた」

「夏《か》の禹王《うおう》は治山治水により洪水を止めるなどして道を尽くした」

「殷《いん》の湯王《とうおう》は朝は自分の心をまっさらにするためにあると言った」

「周の文王《ぶんおう》は休む暇なく働いた」

「周公《しゅうこう》は夜中でも良い考えを思いつくと、夜が明けると同時に実行に移した」

と、次々と「知行合一」を体現した名君の例をあげています。

さらに、孔子が「発憤して食事を忘れるくらいだった」ことにも言及し、こう言っています。


彼《か》の徒《いたずら》に静養瞑坐《せいようめいざ》を事《こと》とするのみなるは、則《すなわ》ち此《こ》の学脈《がくみゃく》と背馳《はいち》す。


坐禅を揶揄《やゆ》するように、「徒《いたずら》に座っているだけの人たちと、儒家の流儀はまったく違う」と。

では、儒家はなぜ、行なうことを重視するのか。それは、自分たちの範とする天がそうだからです。

といっても、天は肉体を持っていません。地上に住む人間に対して意思表示をすることもありません。政治もできなければ、経営もできません。その苛立ちをわずかに天災という形で見せるだけです。

しかし、天は自分の代わりに肉体を持つ人間をたくさん生み出しました。その人間たちに天意を伝え、さまざまな行ないをさせているのです。

言い換えれば、私たちは天に代わって生きている。だから、常に「天だったら、どう考えるか。どんな行ないをするか」を問い、天行を見習うことを怠らずに生きていかなければなりません。

そのことを表わしたのが、このフレーズです。

自《みずか》ら彊《つと》めて息《や》まざるは天《てん》の道《みち》なり。君子《くんし》の以《な》す所《ところ》なり。

6 学び続ける人が「大器」になれる

現代人の多くは、「学問」に対して「現実から遊離したもの」のようなイメージを抱いているのではないでしょうか。

自分の外側の中空に浮かんでいる、ある種つかみどころのない「真理」と呼ばれるものを教師が教えてくれる……学問をするということは、そういうことだと思っているかもしれません。

それはどちらかと言うと「西洋の学問」。東洋ではまったく違うとらえ方をしています。ひとことで言えば、

「学問は自分の人間性に磨きをかけるために必要なものであり、人は学ぶことによって立派な人間に成長する」

ということ。外側から入ってくるもの、つまり技術や知識を学ぶことも必要だけれど、それ以前に人格・教養を鍛練することが重要だとしています。

一斎はその理想形を「孔子の学問」に求めています。

『言志後録　四』に**「孔子《こうし》の学《がく》は、己《おのれ》を修《おさ》めて以《もっ》て敬《けい》することより、百姓《ひゃくせい》を安《やす》んずることに至《いた》るまで、只《た》だ是《こ》れ実事《じつじ》実《じつ》学なり」**とあるように、自分自身の人格修養に努めると同時に、世のため人のために尽くすことに生かされる「実学」としての価値を重んじています。

孔子が学問の基礎としたのは「文、行、忠、信」。書物を学び、学んだことを誠心誠意実行すること。己を修めることに発し、家族、隣人、友人、同僚など、自分の関

わる社会の人間集団すべてを安んじることを基本としています。

だから「詩経、書経、礼記《らいき》を学ぶことは、必ずしも書を読み、詩を誦じていればいいというものではない」と、一斎は言い切っています。

いまの世にたとえるなら、「いくらビジネス書を読んでも、実践しなきゃ意味はないんだよ」ということです。

また、「人によって呑み込みの早い・遅いはあるにしても、それが有能・無能を分けるわけではない。学び続けていれば誰もが『大器』になる」としています。

こう聞くと、ちょっとほっとするというか、将来に希望が湧いてきませんか？

さらに興味深いのは、「博学だとか、記憶力がいいとか、話すのがうまい、文章が上手だなんてことは『芸』であって、学問ではない」と断じていること。そして、一斎は「近ごろは学問が芸に堕落している」と嘆くのです。

もし一斎がいまの世の学問の現状を見たら、「堕落がどんどん進んでいるじゃないか」と嘆くかもしれません。

加えて、学問のとらえ方が間違っているから、「あの人は学があるけど、人間としてはちょっとね」「あの人は人間としてすごいと思うけど、学がないんだよね」といった評価が出てくる、としているのもおもしろいところ。

一斎に言わせれば、

孰《いず》れか学問《がくもん》有《あ》りて行儀《ぎょうぎ》足《た》らざる者《もの》有らんや。

「学問をしているのに、人格者ではない」なんてことはあり得ないのです。人格と学問とは表裏一体のもの。分けて考えること自体が間違いだということです。日本も江戸期までは基本的に、「学のある人は人格者である」というのが半ば常識でした。

一斎の言葉から、このころから多少乱れてきたのかなとも思えますが、こういう一斎に仕込まれたからこそ、佐久間象山にしろ、横井小楠《しょうなん》とその弟子の吉田松陰にしろ、みんな、言動と人格の間に乖離《かいり》がないのでしょう。

みなさんも、学ぶことの真の意味を再認識してください。

7 目と耳を怠けさせるな

「目の不自由な人は、耳でよく見る。耳の不自由な人は、目でよく聞く」

鼓目《こもく》は能《よ》く耳《みみ》を以《もっ》て物《もの》を視《み》、聾瘂《ろうあ》は能く目《め》を以て物を聴《き》く

『言志後録 一五一』で一斎はこう言って、「目と耳それぞれの機能を最大限に活用しているかい？」と問うています。

私たちは当たり前のように、目で見て、耳で聞いていますが、それゆえにどちらもおざなりにしている部分があります。

でも、目の機能に頼れない人は、耳から入ってくる音で見ることができるほど、耳の感覚が研ぎ澄まされています。耳の機能に頼れない人は、目から入ってくる像で聞くことができるほど、目の感覚が研ぎ澄まされています。人間にはそのくらいすばらしい力が備わっているのです。

目と耳、どちらの機能も十分に備わっているからといって、怠けさせてはいけません。情報の入口がたるんでいると、入ってくる量も質も落ちるからです。

見えないものが見える、聞こえないものが聞こえる、そこまでの域に達するよう、感覚を研ぎ澄ませることが大切なのです。

8 古典は「今」役立てるために読め

『論語』にしろ何にしろ、古典には読み方というものがあります。ポイントは「日常生活や自分の経験に引きつけて読む」こと。

「そうだ、昨日こんなことがあった。それを言ってるんだな」
「なるほど、前に失敗したときの原因は、これだったんだ」
「この言葉を薬にすれば、元気が回復するな」

というふうに、自分が日常経験したことを注釈とすると、理解が格段に深まります。

また、何かうまくいかないことがあったときに、古典を開くのもいい。どこかに、悩みや問題を解決するヒントが見つかるはずです。苦悩の解決を与えてくれるのも古典なのです。

そのことが『言志録　一四〇』にあります。

経《けい》を読《よ》む時《とき》に方《あた》りては、須《すべか》らく我《わ》が遭《あ》う所《ところ》の人情事変《にんじようじへん》を把《と》りて注脚《ちゆうきやく》と做《な》すべし。事《こと》を処《しよ》する時に臨《のぞ》みては則《すなわ》ち須《すべか》らく倒《さかしま》に聖賢《せいけん》の言語《げんご》を把りて注脚と做すべし。事理融《じりゆう》会《え》して、学問《がくもん》は日用《にちよう》を離《はな》れざる意志《いし》を見得《けんとく》するに庶《ちか》からん。

理論・理屈と日常の事柄を融合させ、日常を離れずに学問に励む意思を持つ。それが大切だということです。

私がよく言うのは、「経験を整理するのが古典だ」ということ。古典にある珠玉の言葉の数々に触れ、それらを自分の日常と照らし合わせてみることによって、反省すべき点が見えてくるし、どう行動したらうまくいくかもわかってくるのです。

また『言志録　六〇』では、「古典を離れることも大事だよ」と言っています。

古人《こじん》は経《けい》を読《よ》みて以《もつ》て其《そ》の心《こころ》を養《やしな》い、経を離《はな》れて以て其の 志《こころざし》を弁《べん》ず。則《すなわ》ち、独《ひと》り

経を読むを学《がく》と為《な》すのみならず、経を離るるも亦是《またこ》れ学なり。

「昔の人は経――易経・書経・詩経・礼記・春秋をはじめとする経書を読み、心を養った。そして、経書を離れて自らの志を立てたのだ。経書を読むことだけではなく、経書を離れることもまた学びである」と。

つまり、主従関係で言えば、自分が主で古典が従。そこを履き違えてはいけません。人生の主役は自分自身であり、古典ではないのですから。

たとえば、志を立てるときに必ずしも古典を意識する必要はない。でも、志を成就させる過程で迷ったり、悩んだりしたときは、古典を引っ張り出して古人に問う。そういう感じがいいでしょう。

「古典に使われるのではなく、古典を使える自分をつくる」

それによって、しっかりと自己を確立させることができるのです。

9 学びが生きるも死ぬも「心しだい」

「古典を日常生活に引きつけて学び、疑問が生じたら先生や友人に尋ねる。そのことの大切さは誰でもわかっていることだ」としたうえで、一斎はこんな疑問を投げかけます。

学《がく》は必《かなら》ず諸《こ》れを躬《み》に学《まな》び、問《とい》は必ず諸《こ》れを心《こころ》に問《と》うものは、其《そ》れ幾人《いくにん》有《あ》るか。

これは『言志後録　八四』にあるもの。「学んだことを実践躬行し、自分の心にそのありようを問いかけ反省するところまでやっている人間は、果たしてどれだけいるだろうか」と言って、「まずいないよね」と鋭く突っ込んでいます。

そう言われてみれば、「ああ、できてない。心も雑駁《ざつぱく》としていて未熟極まりない」とうなだれる人がほとんどでしょう。

では、どんな心を持つべきなのか。元代に編纂された正史『宋史』の「周敦頤伝《しゅうとんいでん》」

に、黄山谷《こうさんこく》という北宋時代の詩人が、宋学の祖である周濂渓《しゅうれんけい》を評して言った、いい言葉があります。

其《そ》の人品《ひとひん》甚《はなは》だ高《たか》く、胸懐灑落《きょうかいしゃらく》、光風霽月《こうふうせいげつ》の如《ごと》し。

超然としていて、心に何のわだかまりもなく、清く明るく、生命力がほとばしるような、そんな人間のことです。自分はどうか、常に心に問いかけましょう。

10 〝自説〟を疑え

主義主張を持つことは大切です。それが「あの立派な人が言うのなら、その通りなんだろうな」と周囲に思われるようになれば、大したものです。

「説得力がある」というのは、口先の言葉ではなく、自分の存在そのものの問題だと言っていいでしょう。

ただし、自説にこだわり過ぎると、いろいろと弊害が生じます。

排他的になり、自分とは違う主義主張に耳を貸さなくなるのがひとつ。そうすると、視野がどんどん狭くなってしまいます。

また、文明は常に進化しています。時代によって、状況もめまぐるしく変わります。それなのに自説に拘泥《こうでい》していると、いかに立派な主義主張であっても、世のため人のために活用することができません。もちろん「不変の真理」はありますが、それとて進歩・変化に応じた柔軟さが必要でしょう。

そんなふうに自説にこだわらず、時代や状況に応じて、また自分自身を成長させていくためには、有効だと思ったものはすべて吸収する姿勢を持つ必要があります。

だから、一斎は『言志晩録　五七』で言っています。

「蓋《けだ》し其《そ》の名目《めいもく》を立《た》てざるは、即《すなわ》ち我《わ》が宗旨《しゅうし》なり」――自説にこだわらないことこそが自分の主張だと。

それに対して、人は「舵のない舟のようなもので、行き着く先がわからないじゃないか」と言うかもしれないが、そういう人たちに一斎はこう抗弁するというのです。

心《こころ》即《すなわ》ち柁《かじ》なり。其《そ》の力《ちから》を著《つ》くる処《ところ》は、各人《かくじん》の自得《じとく》に在《あ》り。必《かなら》ずしも同《おな》じからざるなり。

かっこいいですね、「自分の心が舵だ」とは。

人によっていろんな考え方、知識の受け取り方、習得の仕方があっていい。「こうあらねばならない」とひとつに決めてしまうと、ほかの有効な主張をすべて切ってしまうことになるから、とりあえず「聞く耳」を持つ。そのうえで、自分にとっても有益だと思うのなら、取り入れる。

そのくらいでないと、自分を向上させていくことはできないのです。

11　良い習慣が良い性格をつくる

学《がく》を為《な》すの効《こう》は、気質《きしつ》を変化《へんか》するに在《あ》り。其《そ》の功《こう》は立志《りっし》に外《ほか》ならず。

『言志耋録　二八』で一斎は「学問をすると、性格が良くなる。その原動力となるのは、志を立てることにほかならない」と言っています。

「習い性になる」という言葉がありますね？　これは、最初のうちは「こうしなきゃいけないぞ」と自分に言い聞かせて行なっているようなことでも、繰り返せばそれが習慣になり、性格が変わってくるということです。

たとえば、気分にムラのある人が「機嫌の良し悪しを他人にぶつけてはいけない」と学び、「何があっても笑顔でいよう」と決めたとします。

これは意外と難しい課題ですが、気持ちが落ち込むようなことがあっても、人からイヤなことをされても、努めて誰に対してでも笑顔を向けていると、だんだんに意識せずとも笑顔でいられるようになる。良い習慣が性格を良い方向に変えていったということです。

さらに一斎は、そういった学習効果が立志にもおよぶとしています。どういうことでしょうか。

「立志」とは「立派な人間になろう」という志を持つことです。そういう志があれば、「よく学んで人間性を磨き、性格をより良く変えていかなければ」と思いますね？

逆に言えばそれは、「立志が学びの原動力になる」ということです。

志があるから学ぶ、学ぶから性格が良くなって立派な人間になり、志が成就される。そういう好循環を、学びを核にしてつくることが大切なのです。

2章

好不調の波にうまく乗る

——運も実力もつかむ人の考え方

12 順境も良し、逆境もまた良し

もしいま、あなたが「ああ、今日もまた昨日と同じだった。近ごろ、判で押したような日が続いているなぁ」と感じているとしたら、「まずい！」と思ったほうがいい。厳しく言えば、もはや〝死に体〟寸前です。

『言志後録　一八〇』にこうあります。

気運《きうん》に小盛衰《しょうせいすい》有《あ》り。大盛衰《だいせいすい》有り。其《そ》の間《かん》亦《また》迭《たが》いに倚伏《きふく》を相成《あいな》すこと、猶《な》お海水《かいすい》に小《しょう》潮《ちょう》有り大潮《だいちょう》有るがごとく、天地間《てんちかん》大抵《たいてい》、数《すう》を逃《のが》るる能《あた》わず。則《すなわ》ち活易《かつえき》なり。

ようするに「禍福《かふく》はあざなえる縄のごとし」「人間万事塞翁《さいおう》が馬」で、いいことと悪いことが繰り返されるのが人生というもの。

「海が小さな波、大きな波を起こすことによって、水が滞留せずにきれいな海でいられるように、人生も大小さまざまな幸不幸があってこそ活力あふれるものになるんだ」と、一斎は言っています。

世の中もそう。時々刻々変化しています。それなのに、自分だけが〝十年一日状態〟でいることなど、本来は不可能なのです。

誰しも、不幸・不運に見舞われたくはありません。苦しいことや思い通りにいかないことがあれば、「イヤだなぁ」と落ち込みます。

でも、ちょっと考えてみてください。望みもしないのに、不幸・不運がやって来たからイヤなのではありませんか？

だったら、望めばいいんです。「やったぜ、望み通り、不幸・不運に見舞われたよ」と思えば、イヤなことではなくなります。何事につけ、「こんな目に遭わされた」と被害者意識を持ってとらえるから、よくない。自分がそうしたんだ、と主体的に考えると、状況がガラリと変わります。

たとえば、会社をクビになったとします。「クビにされた」と思うと、暗い気持ちになります。そうではなく「クビになってやった」と考える。また、誰かにだまされたら、「だまされてやったんだ」と考える。

そうすると、不思議と「さて、どうするか」と気持ちが前向きになります。次に打つ手を思考する心の余裕が生まれるのです。

あるいは、「不幸・不運に見舞われるのも、生きている証拠」というふうにとらえてもいい。

死んだら、幸不幸を感じることもできないのですから、どんな状況にあろうと、「生きていること自体が幸せじゃないか」ということに気づきます。

逆に、願ってもない幸運を手にしたら、素直に喜ぶ。でも同時に、「こんなに幸せでいいのか。好調でいいのか」と疑問を持つことも大切です。そこから、自分自身に試練を与えるような挑戦に対する意欲が出てくるからです。

どのみち、人間はいつまでも幸福に安住することなど不可能なこと。「上り詰めれば、後は下るしかない」のが人生です。

だったら、自分から苦労をつくりだしたほうがいい。何が起きても、被害者意識にさいなまれることはなくなります。

「いいことも悪いこともウェルカム！」という気持ちでいると、間違いなく人生は充実したものになります。

13 人生はゲーム——だからこそ勝て

繰り返しますが、人生は山あり、谷あり。『言志後録　二五』ではそれを**「人《ひと》の一生遭《しょうあ》う所《ところ》には、険阻《けんそ》有《あ》り、坦夷《たんい》有り、安流《あんりゅう》有り、驚瀾《きょうらん》有り」**と表現しています。

道にたとえれば、険しいところもあれば、平坦なところもある。川にたとえるなら、緩やかに流れるところも、激流渦巻くところもある。

みなさんの人生もそうですね？　私なんかも人生を振り返ると、険阻、坦夷、安流、驚瀾の繰り返しでした。人生はそんなもの。ずーっと平坦な道が続くこともなければ、緩やかな流れに身を任せてばかりもいられません。

なぜなら**「これ気《き》数《すう》の自《し》然《ぜん》にして、竟《つい》に免《まぬが》るる能《あた》わず。即《すなわ》ち易理《えきり》なり」**——宇宙の哲理のなかにある運命の巡り合わせであって、天地の間に住む人間はみんな免れることはできないものだからです。それが「易理」、つまり『易経』の説く陰陽の変化なのです。

最後の一文が実に一斎らしいところ。変化にいちいち青くなったり赤くなったりせ

ず、平穏無事ばかりを願うのでもなく、

人《ひと》は宜《よろ》しく居《お》って安《やす》んじ、玩《もてあそ》んで楽《たの》むべし。若《も》し之《これ》を趨避《すうひ》せんとするは、達者《たつしゃ》の見《けん》に非《あら》ず。

「変化を楽しむのがいいんだよ。もしそれを避けようとするなら、達人にはなれないよ」と言っています。

たとえば、ディズニーランドやユニバーサルスタジオなどに行って、アトラクションが何もなかったら、おもしろいですか？　絶叫マシンみたいなものに興奮したり、キャラクターたちと遊んだり、３Ｄ映像にドキドキしたり、いろんな仕掛けがあるからこそおもしろいのです。

でも、人生はその何倍もスリリングで、おもしろい。これを楽しまない手はないし、おもしろくもおかしくもない人生を歩んだって達人にはなれないのです。

もっと言えば、変化のなかでも困難ほどおもしろいものはありません。トランプにたとえれば、一生、七並べやババ抜きだけやっていてもつまらない。ポーカーとかブラックジャックとか、もっと難しいものに挑んだほうが格段におもしろい。それと同じです。

もちろん、ゲームだって真剣にやらなければおもしろくないように、人生も真剣勝負です。ただ、「ディズニーランドに遊びに来た」くらいの気持ちでいることが大切。心に余裕ができて、山あり、谷ありの人生を大いに楽しむことができます。

⑭「失意のどん底」の人ほどラッキーと思え

いま、失意のどん底にある人は、喜んだほうがいい。自分自身を深く反省し、良い方向へと転じるチャンスが得られるからです。

逆に、何もかも順調にいっている人は、「これはまずい」と心配したほうがいい。自分自身を深く反省する機会を逸するからです。

このことを『言志耋録　三三』では、**「得意《とくい》の事多《ことおお》く失意《しつい》の事少《ことすく》なければ、其《そ》の人知《ひとち》慮《りょ》を減《げん》ず。不幸《ふこう》と謂《い》う可《べ》し。得意の事少く失意の事多ければ、其の人、知慮を長《ちょう》ず。**

幸《さいわい》と謂う可し」というふうに言っています。

キーワードは「知慮」。先のことや細かいことまで考えを巡らせ、慎重に行動することの大切さを説いています。

失意のときはそれが簡単にできますが、本当はうまくいっているときこそ「知慮」を働かせなければいけません。

誰もが失敗の原因は突き止めようとするけれど、成功の原因についてはあまり考えようとしないのでは？　そこに落とし穴が潜んでいると心得てください。

もっとも、一斎は「幸不幸とか順境・逆境といったものは、自分がそう思っているだけで、実体なんかない」としています。『言志耋録　一二三』の言葉がそれ。

余《よ》意《おも》う、「天下《てんか》の事《こと》、固《もと》より順逆《じゅんぎゃく》無《な》く、我《わ》が心《こころ》に順逆《じゅんぎゃく》有《あ》り」と。我が順とする所《ところ》を以《もっ》て之《こ》れを視《み》れば、逆も皆《みな》順なり。我が逆とする所を以て之れを視れば、順も皆逆なり。果《はた》して一定《いってい》有らんや。達者《たっしゃ》に在《あ》りては、一理《いちり》を以て権衡《けんこう》と為《な》し、以て其《そ》の軽《けい》重《ちょう》を定《さだ》むるのみ。

人が「大変な逆境ですね。苦労しますね」と言っても、自分が順境にあると思えば、それは順境である。逆に、人が「すごいですね、何もかもうまくいって、順境ですね」と言っても、自分が逆境にあると思えば、それは逆境である。

ようするに、順境・逆境なんてものは、自分がいまの状況をどうとらえているかによる。心の持ちようなんだと、一斎は言っています。

たしかにその通り。世の中には、傍から見れば非常に苦しそうでも、「何事も経験。いい苦労をさせてもらってます」なんてケロリとしている人がいます。かと思うと、どう見ても恵まれた状況にあるのに、本人は「大変だ。つらい。苦しい」と言っている場合もあります。

同じ状況にあっても、逆境にあると思えば逆境になり、順境にあると思えば順境になる、ということです。であれば、「人生には順境しかない」と思ったほうが、人生を明るく積極的に生きられます。ちょっとつらいことがあっても、それがありがたくも思えるでしょう。

かのイチロー選手は、四十代になったいまも現役メジャーリーガーとして活躍できるのは、「スランプがあったから」だと答えています。けだし、名言ですね。

15 「猪突猛進」に気をつけろ

暗がりにいる人は、日当たりのいい場所がよく見えます。ところが、明るいところにいる人は、暗がりのなかが見えません。

人が置かれている状況についても、同じことが言えます。何もかもうまくいかなくて、暗い気持ちでいる人ほど、明るいところで活躍している人がよく見えるのです。

逆に、いわゆる陽の当たる場所で好調な日々を送っている人ほど、暗い状況のことを意に介しません。いま苦しんでいる人の気持ちを思いやることもなければ、もしかしたら明日にも自分が暗がりに追いやられるかもしれないことなど想像もしないでしょう。それは大問題。

『言志後録　六四』に、

晦《かい》に処《お》る者《もの》は能《よ》く顕《けん》を見《み》、顕に拠《よ》る者は晦《かい》を見ず。

とあるのは、暗さによる見え方の違いを説明しているのではなく、明るい場所にいる人への戒めと言っていい。

「暗がりにも目をやらないと、人間が傲慢になるし、調子に乗って思わぬ落とし穴にはまることもある。だから、明るいところにいても、暗闇に目を開くことが大切だよ」

そう一斎は語りかけているのです。

ここで注目したいのは「晦」の字。月末を「晦日《みそか》」と言うでしょう？　どうしてかと言うと、月末は月が欠けて暗いからです。

江戸時代の人はその暗い日に、つまり月の末日は、一カ月を振り返って、良くなかったところをチェックする「能力の棚卸の日」としていました。

それを毎月やって、さらに年が暮れる大晦日の日に一年を振り返ったのです。百八つの煩悩の鐘の音を聞きながら、

「あれは失敗だったたな。次はこうしよう」

「この能力をもっと磨かなきゃいけないな」

「自分にはこういう短所があるから、変えないといけないな」

などと、自分の暗いところにしっかりと目を開いたのです。

そんなことをしているうちに、東の空から元旦のお日様がグーッと昇ってきて、「あけましておめでとうございます」となったわけです。「去年一年の良くなかったところが見えて、明るくなりましたね。おめでとうございます」という意味です。

みなさんも「晦日の自己チェック」をしてはどうでしょう。とくに順風満帆な日々が続いている人は、「周囲が何も見えなくなる裸の王様」になってしまわないためにも、励行することをおすすめします。

ちなみに、かの朱子は「晦庵《かいあん》」と号していました。「未だ晦《くら》い私ではございますけど」とへりくだっていたんですね。

同じことを『言志後録　五九』では**「進歩中《しんぽちゅう》に退歩《たいほ》を忘《わす》れず。故《ゆえ》に躓《つまず》かず」**と言っています。

「前に向かって進んでいるときに、ちょっと後ろに下がって、前方を見ることを忘れてはいけない。そうすれば、つまずくことはなくなる」という意味です。

人は順調なときほど、ずんずん歩を進めることしか考えなくなります。それでは「猪突猛進」になってしまいます。前にどんな困難や問題が待ち受けているかわからないのに、それが見えなくなってしまうのです。

だから、ちょっと後退してみる。すると、前を注意深く見る心の余裕が生まれ、「あれにつまずいたら、大変だ」というような問題点に気づくことができます。

16 「志」で雑念を斬る

人間、暇だとろくなことを考えません。良からぬことに手を染める場合もあります。

また、暇というほどではなくても、何の足しにもならない雑念ばかり浮かんできて、気もそぞろになってしまうときもあります。

考えてもしょうがない先の心配をしたり、過ぎたことにくよくよしたり。そういったことに関わっている時間が、何と多いことか。あなたもそうではありませんか？

その原因は、自分の外側で起きる事柄にあります。言い換えれば、自分の身の周りのゴタゴタですね。そのゴタゴタ自体をなくせばいいのでしょうが、そうもいかないのが世の常。どうしたって心が乱されます。

一斎は『言志録　二二』で、「そんな心の乱れなんか、志ですっ飛ばしてしまえ」と言っています。

常《つね》に志気《しき》をして剣《つるぎ》の如《ごと》くにして、一切《いっさい》の外誘《がいゆう》を駆除《くじょ》し、敢《あえ》て肚裏《とり》に襲《おそ》い近《ちか》づかざらしめば、自《おの》ら《ずか》浄潔快豁《じょうけつかいかつ》なるを覚《おぼ》えむ。

雑念が浮かばないようにすると、よけいに逃れられなくなります。だから一斎も「あえて雑念を消そうとしなくてもいい」としています。

そうではなくて、自分の心に思い悩みの種が入り込もうとしたら、「私にはこういう志があるんだ」という思いに目を向けなさい、というのです。

そうすれば、心が志で満たされて、思い悩みの種が一掃されます。そして「自ら浄《じょう》潔快豁《けつかいかつ》なるを覚えむ」、心が晴れ晴れとしてくるのです。

志はいわば雑念をバッサリ断ち切る鋭い剣のようなもの。だからこそ、目標を達成するための武器になるのです。

17 〝魔物〟を寄せ付けない心をつくる

「志のない人は、子どもにもバカにされるよ」

一斎は別に意地悪な人ではないのですが、言い方がとても辛辣《しんらつ》です。「子どもにもバカにされる」なんて言われた日には、誰だって落ち込みますよね。

でも、そこまで言うのは、「志を持つことの大切さを何とかわからせよう。そして発憤させてやろう」という〝親心〟あってのことなのです。

前に「志は心の雑念を断ち切る鋭利な刃物のようなものだ」とお話ししましたね？ それだけではありません。ふとした隙に襲いかかってくる邪念・邪気をも追い払う力を持っています。

それを表わしたのが『言志録　三三』の言葉です。

志《こころざしあ》有るの士《し》は利刃《りじん》の如《ごと》し。百邪辟易《ひやくじやへきえき》す。

たとえば、売り上げが上がらないために「ちょっとくらいならいいだろう」と粉飾決算に手を染める。「誰も気づきはしないだろう」と産地を偽装する。お金に困っていたからと、つい会社のお金を着服する。賄賂を受け取って便宜を図る……。そういった悪事に走る人はいまも昔も後を絶ちません。

なぜそんなことをしてしまうかと言うと、志がないからです。そのために邪念・邪気に付け入る隙を与えるのです。

悪いことをして、それで何かいいことがありますか？　その瞬間は良くても、悪事はいずれ必ず発覚します。そうなれば罪に問われるばかりか、信用は失墜して社会に相手にされない人間になりますよね。何もいいことはないのです。

そうなりたくないなら、志という刃を常に研ぎ澄まし、いかなる〝魔物〟も寄せ付けないようにしなくてはいけません。

18 「神社で手を合わせる」気持ちを思い出せ

妄念《もうねん》を起《おこ》さざるは是《こ》れ敬《けい》にして、妄念起らざるは是れ誠《まこと》なり。

『言志録　一五四』にあるこの言葉から、「敬」と「誠」に関する記述が続きます。

ここを含めて六項目におよびます。

直訳すると、「妄念を起こさないのが『敬』であり、妄念が起きないのが『誠』である」となります。これだけでは何だかよくわかりませんね。

妄念というのは、くだらない考え。たとえば、取り越し苦労をするとか、ああでもない・こうでもないと迷ってばかりいる、良からぬことを考える、くよくよする等々、心が曇った状態を意味します。

そういった妄念にとりつかれるものかと、覚悟を決める。その出発点が「敬」という心を養うことにある。

その努力を続けていくと、「そういえば、昔は妄念に悩まされていたっけ」と、妄念のない状態が当たり前になっていきます。それは、「誠」という心ができた、ということなのです。

では、「敬」とは何なのか。続く『言志録　一五五』にはこう書かれています。

敬能《けいよ》く妄念《もうねん》を截断《せつだん》す。昔人云《せきじんい》う、敬は百邪《ひゃくじゃ》に勝《か》つと。百邪の来《きた》るには、必《かなら》ず妄念有《あ》りて之《これ》が先導《せんどう》を為《な》す。

「心に『敬』があれば、妄念などたちどころに断ち切れるよ」と、一斎は繰り返します。そして、「昔の人だって、『敬』があれば、心をわずらわせるどんな邪念・邪気・災厄にも打ち勝てる。『敬』がなくて妄念にとりつかれているから、そういうものを寄せ付けてしまうんだと言ってるじゃあないか」と畳みかけます。

前に出てきましたね、「志有るの士は利刃の如し。百邪辟易す」という言葉が。そこから類推すると、「敬」とは志を持つことに通じるように思えます。

次の『言志録　一五六』にはどう書かれているのか。

一箇《いっこ》の敬《けい》は許多《きょた》の聡明《そうめい》を生《しょう》ず。

「少しでも『敬』の気持ちがあれば、人はとても聡明になる」と言うんですね。

これだけではわかりにくいと思ったのか、一斎は周公が甥の若い成王に言った言葉を引用しています。周公は兄の武王を助けて天下を平定した政治家で、「儒教の父」とも呼ばれる立派な人物です。その言葉とは、

「諸侯が持ってくる贈り物がもらっていいものか、よくないものか、見極めないといけないよ。『敬』の心をしっかり持って相手に会えば、わかるはずだから」

というもの。

現代でも、安易に金品をもらって、後で大変な問題になる、なんてことがしばしばあります。相手がどういうつもりで金品を差し出すのかを、ちゃんと見なくてはいけないのです。

ここで一斎が言いたかったのは、「敬」の心があれば、贈り物をする者の思惑を見破れる、それくらい聡明になるということです。

聡明の「聡」は「耳がよく聞こえる」、「明」は「目がよく見える」を意味します。その聡明をつくるのが「敬」ならば、「敬」のひとつの要素には、鋭い観察力が含まれていると見ていいでしょう。

さて次、『言志録　一五七』を見てみましょう。これはいたってシンプル。

敬《けい》すれば則《すなわ》ち心《こころ》 清明《せいめい》なり。

「清明」とは、「見えないものまで見える」ことを意味します。ビジネスでも、見えないはずの先が見えている人、お客様の心をちゃんと見て対応する人は、必ずうまくいきます。

その意味では、「敬」とは、事の本質を見抜く洞察力ととらえられます。

ここまでの四つに共通しているのは、心が純粋だからこそ発揮できる力だということです。そうでなければ、妄念に付け入られるし、人の心を見通すこともできないでしょう？　心が純粋であれば、鏡のように真実が映し出されるのです。

「敬」の字を辞書で丹念に調べてもらうとわかりますが、そもそもの意味は「神に仕える」こと。

イメージとしては、神社やお寺で手を合わせるときの気持ち。「家族みんなが健康で幸せに暮らせますように」などとお祈りするとき、心は澄み切っているでしょう？そういう心の状態こそが「敬」なのです。

また、参拝するときは「真心を込めて」手を合わせますね？　その真心が「誠」につながっているわけです。

さらに一五八、一五九と続きますが、まぁ「敬」のだいたいのイメージはつかめたと思います。私心・私欲を拭い去り、神様にお仕えするような気持ちを忘れずに行動しましょう。心が揺らぐことなく、生きていけます。

ついでながらひとつ、「敬」がないとどうなるか、補足しておきましょう。『言志晩録　一七四』に、ぞっとするようなことが書かれています。

「敬《けい》せざる者《もの》は水《みず》の如《ごと》し。人《ひと》をして狎《な》れて之《これ》に溺《おぼ》る可《べ》からしむ」――威厳がないために、みんなからなれなれしくされて、バカにされる、というんですね。で、結局は溺れてしまうと。

一方、「敬」のある人は火にたとえられています。火が恐れられるように、畏れ敬われる。でも同時に、火が暖をとったり、煮炊きに欠かせないように、人からとても親しまれるといいます。

火と水とでは大違い。「敬」がなければ、人間の尊厳に通じる力が出てこないわけです。その点をお忘れなく！

19 今日一日をムダにするな

昨日《さくじつ》を送《おく》りて今日《こんにち》を迎《むか》え、今日を送りて明日《みようにち》を迎う。人生百年《じんせいひやくねん》此《か》くの如《ごと》きに過《す》ぎず。故《ゆえ》に宜《よろ》しく一日《いちじつ》を慎《つつし》むべし。

『言志晩録　二五八』のこの出だしのフレーズが、実にいいですね。ようするに「昨日があって今日があり、今日があって明日がある」ということですが、「送る」「迎える」と表現したところに、詩的な美しさを感じます。

それはさておき、私たちは生きている限り、「昨日、今日、明日」の繰り返し。実に単純ですが、だからこそ**「宜《よろ》しく一日《いちじつ》を慎《つつし》むべし」**――「一日、一日を大切にして、一時たりともおろそかにしてはいけない」と言っています。

私はよく「分厚い一時」「分厚い一日」と表現しています。充実して過ごさなければダメだよ、ということです。

「身を慎む」とは、人の道にはずれたり、人に迷惑をかけたりすることのないように、自分自身を律して生きることを意味します。

どうして、それが大事かというと、**「一日《いちじつ》慎《つつし》まずんば、醜《しゅう》を身後《しんご》に遺《のこ》さん。恨《うら》む可《べ》し」**です。人に見られたくないような醜態を演じて、死後に禍根を残すことになるのです。そんなのは、イヤでしょう？

次のくだりに、林羅山の**「暮《ほ》年《ねん》宜《よろ》しく一日《いちじつ》の事《こと》を謀《はか》るべし」**という言葉が出てきます。林羅山という人は、江戸時代初期の幕府の儒官にして仏教の僧侶だった人物です。家康に重用され、「これからのわが国の教育は、林家に任せたよ」とまで言われました。実際、林家は幕末までずっと、その役を任じました。すごいことです。

一斎はこの言葉を「一見、浅薄なようだが、実は深い」というふうに言っています。言葉通りに読めば「晩年になったら、今日一日のことをよく考えて暮らしなさい」となりますが、私は「年をとってもなお、やることがたくさんある」という心境を表わした言葉だと解釈しています。

そこから思うのは、「若いときこそ、一日をムダにしないで欲しい」ということです。十年、二十年経てば、イヤでも体力が衰えてきますから、エネルギーに満ちあふれているいまのうちに、できるだけ多くのことを学んだほうがいいと思うからです。

年をとるとわかりますが、「若いうちにもっと勉強しておけばよかったなぁ」と思うこともしばしば。私だっていまになって、外国から講義の依頼がくるたびに「もっと英語に精通しておけばよかった」と思っています。残念ながら、エネルギーが足りないのが現実です。

もっと言えば、専門領域の漢詩でさえも、『唐詩選』なんかを読むと「同じ人間なのに、私もこのくらいの詩を詠みたいなぁ」などと感じています。

もちろん、どこまで学んでも学び足りない思いはなくならないのですが、若いころの学びは本当に貴重です。必ず、晩年になって生きてきます。ですから、「暮年」と言わず、若いときから「一日の事を謀るべし」と心してください。

20 日々、淡々と生きる人が強い

人生は起伏に富んだものですが、日々の暮らし自体は淡々と流れていくのがいい。ふつうが一番です。

『言志後録　一八四』には、おそらく一斎の日常生活だろうと思われる情景が、美しく綴られています。

鶏鳴《とりな》いて起《お》き、人定《にんてい》にして宴息《えんそく》す。門内粛然《もんないしゅくぜん》として、書声室《しょせいしつ》に満《み》つ。道《みち》は妻子《さいし》に行《おこな》われ、恩《おん》は臧獲《ぞうかく》に及《およ》ぶ。家《いえ》に酒気《しゅき》無《な》く、廩《くら》に余粟《よぞく》有《あ》り。豊《ゆたか》なれども奢《しゃ》に至《いた》らず、倹《けん》なれども嗇《しょく》に至らず。俯仰愧《ふぎょうは》づる無く、唯《た》だ清白《せいはく》を守《まも》る。各々其《おのおのそ》の分《ぶん》有り。

朝は一番鶏の鳴き声で起きる。いいですね、目覚まし時計のけたたましい音で起こされるんじゃあないんです。この一文を読んだだけで、現代人は「時計に使われているなぁ」という思いを新たにします。

そして、夜は十時くらいに床に入る。起きるのは日が出る朝六時前後ですから、睡眠はたっぷり八時間。実に健康的です。

また、家のなかはきちんと片付いていて、静けさのなかで本を読む声だけが響いている。江戸時代の読書は音読がふつうでした。黙読は明治以降の習慣です。私の両親は明治四〇年生まれでしたが、よく声に出して本を読んでいました。まだ江戸時代の風情が残っていたのでしょう。

音読のメリットは、目と耳の両方を使うこと。黙読よりも感覚刺激が多いので、脳も活発に働くように思います。私の講義でも必ず音読してもらうのは、漢文を体で感じて欲しいという思いがあるからです。

次の「道」は、ここでは暮らしの決まりごとを意味します。

たとえば、朝はまず神棚にお灯明を上げて、朝餉《あさげ》の支度をして、食事が終わったら掃除・洗濯をして、子どもは武道や勉強に励み……といった具合に、日々の営みの順序を崩さない。そういう規則正しさが妻子はもちろん、下男・下女にまで行き渡っている。

さらに、家庭には酒気がなく、食料も十分に蓄えられていて、ものは豊か。でも、贅沢はせず、ムダ遣いはしない。かといってケチではない。不要なものにはお金をつかわないけれど、出すべきときは出すというふうに、節度があるということです。

日常の暮らしを言うならここで終わってもいいようなものですが、最後を一斎は、「人それぞれの分に応じて、天地に恥じない、清廉潔白な生き方を守って暮らす」と締めくくっています。

本分とか清廉潔白というと、事をなす場面を連想しますが、日常生活にも貫かれていることが大切なのです。音読していると、気持ちが晴れ晴れとする文章です。

21 「一歩引く」という生きる知恵

「謙譲《けんじょう》の美徳」という言葉がありますね？　なぜ、日本では昔から、謙譲――へりくだり譲ることが美徳とされてきたのか。

何となく「譲ってばかりだと、自分がソンをするだけなんじゃないか」と思う方もいるでしょうが、それは大間違い。

一斎は『言志耋録　一二七』で「ソンどころか、自分を含めたみんなが丸くおさまって平和になる秘訣なんだよ」と言っています。

利《り》を人《ひと》に譲《ゆず》りて、害《がい》を己《おの》れに受《う》くるは、是《こ》れ譲《じょう》なり。美《び》を人《ひと》に推《お》して、醜《しゅう》を己れに取《と》るは、是れ謙《けん》なり。謙の反《はん》を驕《きょう》と為《な》し、譲の反を争《そう》と為す。驕争《きょうそう》は是れ身《み》を亡《ほろ》ぼ

すの始《はじめ》なり。戒《いまし》めざる可《べ》けんや。

「謙譲」の「譲」の字は「ゆずる」と読むように、「譲」とは「利益を人に譲って、害を自分が引き受けること」だと定義しています。一方、「へりくだる」と読む「謙譲」の「謙」とは、「よいことを人にすすめ、イヤなことは自分が取ること」だとしています。

二つ合わせて「謙譲」となるわけですが、これが美徳であることは反対を考えるとよくわかります。

「謙」は「驕」、「譲」は「争」が、いわば反対語。へりくだる心がないと「オレはすごいんだぞ」と驕慢になって勝手なふるまいをするし、譲る気持ちがないと「いいからオレによこせ」と争いになる。そんなふうに、「謙譲」を忘れて「驕争」に走ることが、身を滅ぼすことになることを、一斎は説いています。

といったことから、謙譲の心は自分の人生を、ひいては社会のあらゆる物事を円滑に進めていくためのひとつの知恵ととらえることができます。だから、美徳なのです。

3章

仕事人生を好転させる

――いかにして仕事を面白くするか

22 努力のときが一番〝美しい〟

たとえば、幼い子どもたちが「自転車に乗りたい」「鉄棒の逆上がりができるようになりたい」と一生懸命なとき、何だか光り輝いて見えませんか?

その輝きの源は「心」です。大人だって同じ。何かを成し遂げようと努力をしているとき、心が光り輝いている。その姿はとても美しいものです。

このことを一斎は『言志後録　三』でこう言っています。

自彊不息《じきょうふそく》の時候《じこう》、心地《しんち》光光明明《こうこうめいめい》なり。何《なん》の妄念遊思《もうねんゆうし》有《あ》らん。何の嬰累罣想《えいるいかいそう》有らむ。

「心地《しんち》光光明明《こうこうめいめい》」、いい言葉ですね。字を見ただけで、心が清々するようです。

逆を考えてみてください。何か悩み事があったり、迷いが生じていたりすると、心はどんより曇ります。

いくら悶々としていても何も解決しないので、そういうときは何でもいいから興味のあることを見つけて、そこに意識を集中させてみてください。不思議と「妄念遊思《もうねんゆうし》」「嬰累罣想《えいるいかいそう》」、取るに足らない心配事やわずらわしい悩み事が消え、心が晴れやかになります。

スポーツ選手は「来季の契約は大丈夫かな」なんて心配しながら、トレーニングをしているでしょうか。そんなことはありませんね。一心不乱にトレーニングに励んでいるはずです。

このように努力のまっただなかにあるとき、ひとつのことに集中しているときは、ちょっとした悩みなどすっ飛んでしまうもの。

少しずつ努力を続け、その時間を少しずつ長くしていく。そうすれば悩みはなくなるし、美しい自分でいられます。

23 「自分の好きなことを突き詰めればいいんだよ」

志というのは、人から強いられて立てるものではありません。一斎も『言志録』六で「立志《りっし》も亦之《またこ》れを強《し》うるに非《あ》らず」と言っています。

「立派な人間になる」ことが志であるとはいえ、そのために何をするのか、どの道を進むのか、といった具体策が必要ですから、ここが固まらないと、人から強いられてもなかなか志を立てることはできません。

では、どうすればよいのか。一斎はひとことで明言しています。

只《た》だ本心《ほんしん》の好《この》む所《ところ》に従《したが》うのみ。

「自分の好きなことを突き詰めればいいんだよ」というわけです。

たしかに仕事というのは、イヤイヤやっていてもうまくいきません。たとえば「家業を継がなくちゃいけないから、しょうがなくやってるんだよ」とか、「食うためには、やりたくない仕事でもやるしかないじゃないか」といったふうだと、やる気も起きなければ、志を持つにも至らないでしょう。

理想は自分の好きなことを仕事にすることですが、そうもいかないのが現実です。でも、いいんです、必ずしも最初から「好き」でなくても。大事なのは、好むと好まないとにかかわらず、とにかく目の前の仕事を一生懸命やり続けることなのです。すると、あるとき突如、「いや、こんなにおもしろい仕事だったんだ」と気づく瞬間があります。そこから「好き」を突き詰める道が開けます。自然と、志も立ちます。

おや、まだ半信半疑ですね？「好きでもない仕事がおもしろくなるわけはない」と。そんなことはありません。カギを握るのは、どんなに小さなことでもいいから「勝つ」「成功する」体験を積むことです。

たとえば麻雀。ときどき徹夜してしまうくらい麻雀が好きな人に、「最初からおもしろかったですか？」と聞くと、たいていは「いいえ」と答えます。「では、いつからおもしろくなったんですか？」と重ねて尋ねると、みんな言うんです。「やっぱり、勝てるようになってからでしょうかね」と。

スポーツでも仕事でも趣味でも、何だってそう。一度勝つとか、うまくいって周囲から褒められる、といった経験をすると、楽しくなって「好き」の気持ちが強くなっていくものです。

そうして好きになれば、シメタもの。どんな困難に見舞われても、挫けることはありません。自分の「好き」を突き詰めてください。その先に志が見えてきます。

24 自分の欠点を「見える化」せよ

一斎ほどの人でも「志を持ち続けることは難しい」ようです。往々にして、「自分はこうしようと思うことに対して、周囲から反対されると、怒り狂ってしまうことがある」と言うんですね。

それを『言志耋録　二五』で「**志《こころざし》を持《じ》する能《あた》わざるの病《やまい》**」、つまり志を持続できなくしてしまう病気だと、やや自嘲的に〝告白〟しています。「一斎も人間だな。欠点があるんだ」と思うと、ちょっとホッとする感じですが、私たちが見習うべきはそこからです。

自《みずか》ら恥《は》じ自ら怯《おそ》る、書《しょ》して以《もっ》て警《けい》と為《な》す。

自らの欠点を自覚し、「何とも恥ずかしく、恐ろしいことだ」と思い、欠点を紙に書いて戒めにする、というのです。

そのとき、「思い通りにならなくても怒ってはいけない」とでも書いたのでしょうか。言葉はわかりませんが、こんなふうに自分の欠点と正面から向き合うのは、非常に勇気のいることです。誰でも自分の欠点は認めたくないですからね。

一斎を見習って、みなさんもぜひ自分の欠点を「克服してやろう」という思いを込めて紙に書き、トイレとか寝室の天井、リビングの壁など、部屋中に貼ってはいかがでしょうか。

こうすれば一日に何度も、イヤでも目に入りますから、やがて欠点を克服することができると思います。私もやっていますが、本当に効果がありますよ。

25 成功者ほど自分の弱点を知っている

たとえば、レストランに行ったとき、メニューがひとつしかないとガッカリしますよね？　何だか気持ちが貧しくなります。せっかくおいしいものを食べて、豊かな時間を過ごそうと思ってお店にやって来たのに、これでは台無しです。

これはすべてに通じること。お皿が一枚しかないと、割れちゃったときに困ってしまいます。でも、もう一枚予備があると、あわてなくてすみます。

また、家族で「旅行に行こう」なんて話になったとき、行き先の選択肢が多いほうがワクワク感が高まります。

仕事でもそう。ひとつしか方法がないと、行き詰まったときに対応に苦慮します。二案、三案あれば、ひとつの案がダメでも「じゃあ、こっちの案でいくか」と対応の幅が広がります。

このように、代案があるとないとでは、心のゆとり、豊かさが全然違ってきますし、事をスムーズに運ぶ助けにもなります。

それを『言志後録　二二九』ではこう言っています。

器物《きぶつ》には必《かなら》ず正副有《せいふくあ》りて、而《しか》る後《のち》に欠《か》くる事無《ことな》し。凡《およ》そ将《まさ》に一事《いちじ》を区処《くしょ》せんとせば、亦当《またまさ》に案《あん》を立《た》てて両路《りょうろ》を開《ひら》き正副の如《ごと》く然《しか》るべし。

これに関連して言うと、私は口を酸っぱくして「悲観的に準備して、楽観的に行動しなさい」と言っています。その裏には、実体験があります。

もう四十年近く前でしょうか。映像の世界から一転して経営コンサルティング畑に踏み出した私は、毎日のように自分の実力のなさを突きつけられて、絶望の淵に立たされていました。非常に苦しかった。

何とかその状況から抜け出そうと、ある日、自分がうまくいかない原因を思いつく限り書き出してみることにしたのです。

その内容を読み返してみて、自分でも驚きました。あいつが悪い、こいつが悪い、社会が悪い……。そんな文句ばかりが並んでいたのです。

「書く」というのは、すごいことですね。いまさらながらに、自分がいかに情けない人間かを思い知りました。

そこで今度は、「自分の何が悪いのか」に絞って、書き出してみました。「書く」というのはすごいですね、自分を知る〝よすが〟になる。

おかげで私も自分の最大の弱点に気づくことができました。その弱点というのが「きちんと準備をせずに事に当たる」ところ。反省したその日から、さっそく「何をやるときも、一週間前から準備をしよう」と心がけるようにしました。

ところが、それでもうまくいかないのです。いくら準備しても、想定外の出来事が起きるのです。

それはなぜか。うまくいく予測の下に準備していたからです。言い換えれば、悲観的な想定がなかったわけです。

自分の思い通りに事が運ぶなんてことは、まずありません。そこを想定して、「こういうことが起こったらこうする」「先方からまさかのこんな質問が出たら、こう答える」「反応が鈍いときは、こっち側から攻める」といった具合に、あらゆるケースに対応できるだけの準備をしておかなければならないのです。

わかりやすい話が、「今日は社長を説得するぞと、準備万端で先方を訪問したのに、肝心の社長が不在だった」なんてこともある。

そこまで考えて、複数のシナリオを用意して事に当たる必要がある、ということです。

そうやって悲観的に準備をすれば、「何が起きても大丈夫」と、自信を持って行動できるようになります。「楽観的に行動する」ことが可能になるのです。

それが私の言う「悲観的に準備して、楽観的に行動する」ことなのです。

同じことを一斎は『言志耋録　一四七』でこう言っています。**「凡《およ》そ事予《ことよ》すれば則《すなわ》ち立《た》ち、予せざれば則ち廃《はい》すとは正語《せいご》なり」**と。

26 心配事は芽のうちに摘んでしまえ

近年、「予防医学」の考え方がかなり浸透してきました。「病気になってからあわてるのではなく、病気になりそうな因子をつくらないよう、生活習慣から改めなさい」という考え方です。

これを励行していれば、病気になりにくいし、万一なった場合でも「早期発見・早期治療」をすることが可能になります。

『言志耋録　一四八』にも、これとまったく同じことが**「病《やまい》を病無《な》き時《とき》に慎《つつし》めば則《すなわ》ち病無し」**というふうに書かれています。

さらに一斎は、「病気に限らず、心配事は何でも同じだよ」としています。つまり、**「患《うれい》を患無《な》き日《ひ》に慮《おもんぱか》れば則《すなわ》ち患無し。是《こ》れを之《こ》れ予《よ》と謂《い》う」**とし、「心配事が起きそうな気配を敏感に察知し、芽のうちに摘んでしまいなさい」と言っています。それが前項の「悲観的に準備する」ことにもつながります。

さらに、結びの言葉がまたすばらしい。

事《こと》に先《さき》だつの予《よ》は、即《すなわ》ち予《よ》楽《らく》の予にて、一《いち》なり。

「予」という字には「予測して準備する」という意味とは別に、実は「楽しむ」という意味もあります。悲観的に準備をしておけば、心配事を芽のうちに摘むことができますから、心は実に晴れやか。こうなれば、楽しい日々が約束されたようなものなのです。

27 もっとグイグイいけばいい

「仕事から逃げ出したい」

「家庭から逃げ出したい」

人生にはいろんなことがありますから、自分の手に余る苦しいことがあると、「逃げ出したい」ような気持ちになりますよね。あるいは、厄介事に巻き込まれたくない意識が先に立ち、「逃げ出してしまえ」と思う場合もあるでしょう。それで本当に逃げ出してしまうことも少なくありません。

どんな事情であれ、それはダメだ、逃げてはいけない、と一斎は言います。

なぜなら、自分が果たすべき役割を放棄することであり、天命に逆らうことだからです。そんなことをしたら天罰が下り、先行きもっと困った事態に追い込まれるだけなのです。

凡《およ》そ事吾《ことわ》が分《ぶん》の已《や》むを得《え》ざる者《もの》に於《お》いては、当《まさ》に之《これ》を為《な》して避《さ》けざるべし。

『言志録　六三』にあるこの言葉が、そのことを如実に物語っています。

逃げたら、逃げた分だけまた大変になるのですから、どんなに苦しくても目の前のやるべきことに懸命に取り組むしかないのです。そうすれば、やがてうまくいきます。

とりわけ若いうちは、血気に任せてぐいぐい前に進んだほうがいい。

性欲について論じた『言志録　一六四』には、「**少壮《しょうそう》の人《ひと》、精固《せいかた》く閉《と》ざして少《すこ》しも漏《も》らさざるも亦不可《またふか》なり。神滞《しんとどこお》りて暢《の》びず。度《ど》を過《す》ぐれば則《すなわ》ち又自《またみずか》ら戕《そこな》う。故《ゆえ》に節《せつ》を得《う》るを之《こ》れ難《かた》しと為《な》す**」とあります。

「血気盛んな若いころは、あんまりがまんしちゃいけないよ。気が滞って伸び伸びと生きられなくなる。ただ、度を超すと体を損なう。難しいけど、節度を守りなさいよ」というふうに言っています。

ここはそのままに読んでもいいのですが、「生きるエネルギー」として読むと、また味わい深いものです。

若いときはとにかく血気盛んですから、何事につけ、やり過ぎない程度にぐいぐい精力的に取り組むのがいい。年齢を重ねれば重ねるほど、精力は減退しますから、「やれるうちにやっておく」ことが重要なのです。

そのときに一番いけないのは、〝やらされている感〟を持つことです。「本当はやりたくないけど、生活のためにはしょうがない」といった気持ちで、残業、残業の毎日を送っていると、ストレスに体がやられてしまうからです。しかも、イヤイヤやっていれば、能力だって伸びるわけはありません。

そうではなくて、「仕事がおもしろくてしょうがない。残業なんか、全然苦にならない！」という状況であれば、ストレスなど感じません。体調を損ねることはないし、能力もぐんぐん伸びます。とはいえ、体力には限界がありますから、やり過ぎには注意が必要ですが。

「三十代、四十代、五十代のあり方が、六十代以降の愉快な人生をつくる」

これは、私の持論。振り返れば、私の若いころは苦労の連続でした。そこをがんばってきたからこそ、いま、こうして愉快、愉快な人生を生きられるのだと実感しています。苦労があってはじめていい人生があるのです。

みなさんも節度というものを考慮しながら、若い時代はいろんなことに精力的にぶつかってください。

「苦労の二十代がいい三十代をつくる。苦労の三十代がいい四十代をつくる。苦労の四十代がいい五十代をつくる。そういった積み重ねのすべてが、六十代以降の愉快な人生を開く」と信じて。

28 人のイヤがる仕事を引き受けよ

チームで仕事をするときには、役割分担が必要になります。そのとき、誰もが「やりたくないなぁ」と思う役回りがあるものです。

「縁の下の力持ち的な地味で目立たない仕事だからイヤだ」

「時間ばかりかかる面倒な仕事だからイヤだ」

「難しい仕事だからイヤだ」

「簡単過ぎる仕事だからイヤだ」

理由はさまざまですが、ようするに「ソンな役回り」は敬遠されます。

しかし、一斎は『言志晩録　二四三』で「みんながイヤがる仕事だからこそ、自分が率先して引き受けるべきだ」と言っています。


人《ひと》と事《こと》を共《とも》にするに、渠《か》れは快事《かいじ》を担《にな》い、我《わ》れは苦事《くじ》に任《にん》ぜば、事は苦なりと雖《いえど》も、意《い》は則《すなわ》ち快なり。我れは快事を担い、渠れは苦事に任ぜば、事は快なりと雖も、意

は則ち苦なり。

イヤな仕事を引き受けると、仕事そのものは苦しくても、周囲から「君に押しつけちゃったみたいで、申し訳ないね」と気づかってもらえます。それに対して笑顔で「いいよ、いいよ」と答えるのは、なかなか気分のいいものです。

逆に、自分は首尾よく、みんなのやりたがる仕事を率先して担当したらどうでしょう？　たしかに、仕事は楽しくできるかもしれません。でも、イヤな仕事を引き受けてくれた人に対して、いつも心のどこかで「苦労させて、申し訳ないな」と負い目を感じることになります。

一斎は「どちらがいい」とは明言していません。

ここで何を言いたかったかというと、「仕事を割り振るときには、心の快・不快も忘れてはいけないよ」ということです。これはおそらく、一斎の経験に基づく見解でしょう。考えさせられます。

29 「多忙自慢」は小物の証

『言志録　三二』の冒頭の言葉――「今人《こんじん》率《おおむ》ね口に多忙《たぼう》を説《と》く」にはハッとさせられます。江戸時代の人も日常に忙殺されていたのかと驚く一方で、当たり前のように「忙しい、忙しい」を連発している自分に気づかされるからです。

これに続くくだりでまた、一斎は現代人にとっても耳の痛いことを言っています。

其《そ》の為《な》す所《ところ》を視《み》るに、実事《じつじ》を整頓《せいとん》することに十《じゅう》に一《いち》、二《に》、閑事《かんじ》を料理《りょうり》することに十に八《はち》、九《く》、又《また》閑事を認《みと》めて以《もつ》て実事と為す。宜《うべ》なり其の多忙《たぼう》なるや。志《こころざし》有《あ》る者《もの》誤《あやま》って此窠《このか》を踏《ふ》むこと勿《なか》れ。

「よくよく見れば、忙しいと言いながら、絶対にやらなきゃいけないことは十のうちせいぜい一、二で、ほかの八、九は差し迫ってやらなくてはいけないことでもなさそうだ。そんなことにまでかかずらっているんだから、忙しいはずだよ」

とは、強烈な皮肉です。

そこから、「志のある人というのは毎日時々刻々、一心不乱でなすべきことをしているから、雑事に振り回されて忙しいなんてことはない」という結論を導き出しています。

また『言志晩録　二六三』でも〝多忙自慢〟の人を一刀両断にしています。

多少《たしょう》の人事《じんじ》は皆是《みなこ》れ学《がく》なり。

「人には日々、大小こもごもの出来事が降ってくる。そのすべてが学びだ」と言うのです。そして、「忙しさを理由に学問をやめるなんてことは間違いだ」としています。

わが身を振り返って、考えてみてください。ひとつのことに集中しているときは、雑事なんか視野の外。それこそ、周りに「忙しい」と吹聴する暇もないでしょう？

逆説的に言えば、「忙しいと思うときは、本業が暇で余力がある」ということでもあるのです。

こんなことを言うと、「何もどうでもいいことをやっているわけじゃない。本当に忙しいんだよ」と反発されるかもしれませんね。

そういう人も含めて忙しい人に、私からアドバイスがあります。それは「デッド時間の割り出し」です。

たとえば、通勤・外出・出張等にともなう移動時間とか、待ち合わせ場所に早く着いたり、会議のスタートが遅れたりしたときの待ち時間など、何もしていない時間を書き出してみるのです。合算すると、けっこうな時間があると思います。

といっても、「そのデッド時間を利用して、仕事を片付けなさい」なんてヤボなことは言いません。ますます多忙感に追い詰められてしまいかねませんからね。

それよりも何か、自分の好きな楽しみ事のために使うことをおすすめします。

場面によりけりですが、好きな音楽を聴くとか、小説や詩集、写真集などの本を開く、目に映った風景をスケッチするなど、短い時間でも楽しめることは意外とたくさんあります。

そういうことをしていると、心がスーッと解放されて、多忙感が薄れます。ぜひ試してみてください。

30 「安請け合い」は我が身をほろぼす

仕事を頼まれると、何でもかんでも「やります、やります」と引き受ける人がいます。あるいは、「ちょっと受けられないなぁ」と思いながらも、断るのが苦手で、何となく引き受けてしまう人もいます。

それでちゃんとした仕事ができればいいのですが、安請け合いしたために、往々にして「期日通りに仕事が終わらず、信用を失ってしまった」「中途半端な仕事をして、評判を落としてしまった」「ムリを重ねて体を壊してしまった」といったことが起こりがち。

引き受ける以上は、それをきっちりこなせるだけの容量が自分にあるかどうかを、まず考えなければいけません。『言志晩録　一五八』にこうあります。

人《ひと》の事《こと》を做《な》すには、須《すべか》らく其《そ》の事に就《つ》いて自《みずか》ら我《わ》が量《りょう》と才《さい》と力《ちから》との及《およ》ぶ可《べ》きかを揆《はか》り、又《また》事の緩急《かんきゅう》と齢《よわい》の老壮《ろうそう》とを把《と》って相比照《あいひしょう》して、而《しか》る後《のち》做起《さき》すべし。然《しか》らずして、

妄意《ぼうい》もて手《て》を下《くだ》さば、殆《ほとん》ど狼狽《ろうばい》を免《まぬが》れざらん。

ここで特筆すべきは、「事《こと》の緩急《かんきゅう》と齢《よわい》の老壮《ろうそう》」というところ。「急いでダーッとやらなければならない仕事なのか、ゆっくりやっても大丈夫な仕事なのか、年齢的に大丈夫なのかを、比較検討しなさい」と言っています。

いつまでも若いつもりでいても、頭と体は正直です。年齢とともにどうしたって、衰えます。認めたくはないでしょうけど、そこら辺は自分を冷静に見極めなければなりません。

「若いときにできたことが、いまできないはずはない」などと過信すると、そうはいかなくてあわてふためくことになるのです。

31 問題が起きてもドンと受け止める

「茫然自失」という言葉があります。何かショックな出来事があったときなどに、自分自身を見失って、頭が真っ白になってしまう状態を意味します。

そうなるともう、思考停止状態。人の話は耳に入らないし、自分の言動は支離滅裂になってしまいます。酸欠で口をパクパクさせている金魚のようなもので、あわてることしかできないのです。

しかも、一度でもそういう状態に陥ったことのある人は、何度でも同じことを繰り返すものです。資質的にパニックに陥りやすくなるのです。

そうすると、周囲から人がいなくなります。「あんな人は信用できない。何も任せられない」と判断されてしまうからです。

では、どうすれば自分のなかから「自失」という状態を排除できるでしょうか。何事にも真摯に、全力で取り組み、どんな状況にあっても動じない自分をつくる、これしかありません。

そのうえで、何か大変なことが起きたときは自分に向かって、言い聞かせてください。「大事なのはこれからだ。どう対応するかだ」と。それだけでもずいぶん気持ちが落ち着くはずです。

後は、日ごろから茫然自失することの怖さを肝に銘じておくこと。『言志録一二〇』にある**「己《おの》れを喪《うしな》えば斯《ここ》に人《ひと》を喪《うしな》う。人を喪えば斯に物《もの》を喪う」**という言葉は良い薬になるでしょう。

さらに言えば、一番大事なのはいつも心を平安に保つこと。『言志晩録 六』に**「心《こころ》は平《たいら》なるを要《よう》す。平なれば則《すなわ》ち定《さだま》る。気《き》は易《い》なるを要す。易なれば則ち直《なお》し」**という言葉があります。何があろうと、起ころうと、心が平安であれば、安定する。気が安らかであれば、物事が順調にまっすぐ運ぶ。その通りですね。何気なく書かれているようでいて、心にしみます。

心がザワザワと騒いでいれば、まともに行動できません。また、殺気立っていると、自分でも何をするかわからない危険な状態になります。

心を平らに、気を和やかに――心が乱れるようなことがあったら、この言葉を思い出すといいでしょう。

32 何をするにも「とことん煮詰める」

　雲が立ち上るのも、雨が降るのも、風が吹くのも、雷がとどろくのも、自然界の現象はすべて、なるべくしてそうなります。誰にも止められないし、違う結果はありえません。

『言志録　一二四』で一斎は、そんな自然の摂理になぞらえて、**「至誠《しせい》の作用《さよう》を観《み》る可《べ》し」**としています。

　噛み砕いて言うと、「自分の考えをとことん煮詰めて、それにしたがって物事に誠心誠意取り組めば、自ずと思い通りの結果になる」ということです。逆に言えば、何事もとことん考えず、中途半端なところで「まぁ、これでいいか」と妥協するから、うまくいかないわけです。

　何をするときも、

「もっといい方法はないか」
「間違ったことをしていないか」
「手を抜いていないか」

　と考え、「もうこれしかない」と確信できるまでとことん煮詰めることが大切なのです。「とことん」を怠けてはいけません。

33 「当たり前のこと」を侮るな

『言志後録　七九』では、仕事に取り組むときのポイントが五つ、簡潔に示されています。

曰《いわ》く軽重《けいちょう》、曰く時勢《じせい》、曰く寛厚《かんこう》、曰く鎮定《ちんてい》、曰く寧耐《ねいたい》、是《こ》れなり。

ひとつ目の「軽重」とは、「優先順位をつけなさい」ということ。重要度や緊急度に応じて仕事を区分し、高いものから着手することが大切です。

人は往々にして、目の前に仕事が山積していると、「あれもやらなきゃ、これもやらなきゃ」と焦って、あちこち手をつけてしまいます。その結果、どの仕事も中途半端になってしまうことは必定でしょう。

また、「とりあえず、簡単にできるものから」という意識が働き、重要でも急ぎでもない仕事を優先する場合も少なくありません。そうすると、重要度・緊急度の高い仕事が後回しになり、自ずとその仕事にかける時間が短くなってしまいます。

二つ目の「時勢」とは、いまがどういう時代なのかを頭に入れて、同時にこれから時代はどう流れていくのかを予測して、仕事をすることです。

とくに年齢を重ねると、昔うまくいった時のやり方に拘泥したり、時代の流れに鈍感になったりしがち。時代遅れの石頭にならないよう、注意が必要です。

逆に、若い人は時代の動きに敏感な分、先走り過ぎる傾向があります。いいアイデアが浮かんでも、「時期尚早ではないか」と自問するといいでしょう。

三つ目の「寛厚」とは、心が寛大で、人情に厚いこと。人に接するときは、相手の言うことをよく聞いて、理解に努めるようにしたいところです。

四つ目の「鎮定」とは、みんなが興奮し、騒然としたときなどに、自分も含めて場の安定を図ることです。

情熱的なのと興奮するのとではちょっと違います。心の安定が崩れると、〝自失状態〟になりかねないので、常に冷静でいることが大切です。

五つ目の「寧耐」とは、周囲の状況に押し流されることなく、がまん強く信念を貫くこと。今日的言葉で言うと「忍耐」ですが、過酷な状況を耐え忍ぶというよりは、もうちょっと前向きなニュアンスが含まれています。

これら五つのポイントに続くくだりでは、「次に取り組むべき課題」として、**「賢《けん》を挙《あ》げ、佞《ねい》を遠《とお》ざけ、農《のう》を勧《すす》め、税《ぜい》を薄《うす》うし、奢《しや》を禁《きん》じ、倹《けん》を尚《たつと》び、老《ろう》を養《やしな》い、幼《よう》を慈《いつくし》む等《とう》の数件《すうけん》の如《ごと》きは、人皆之《ひとみなこ》れを知《し》る」**と述べています。

これを超訳すると……。

「本当に優秀な人を登用しなさい。仕事が円滑に運びますよ」

「口先では立派なことを言い、行動がともなわない人間を信用してはいけないよ」

「勤勉を奨励しなさい」

「給与待遇を良くし、間違っても社員から金を搾り取るようなことをしてはダメだよ」

「ムダ遣いを省いて、倹約に努めなさい」

「お年寄りのがんばりがあってこそ、いまの時代がある。感謝しなさい」

「幼い子どもたちはまだひとりでは何もできないのだから、慈しんであげなさい」

けっこう具体的な注意事項を列挙していますが、最後に、

「こんなことは誰でも知っていることだけど、実践している人は少ない」

としています。

つまり、「当たり前のことを当たり前にやる」ことの難しさと大切さを主張しているのです。くれぐれも「そんなの、当たり前のことじゃないか」などと侮らないように。

34 女性は四十歳、男性は五十歳に要注意

『言志後録　二四二』に、一斎が珍しく女性観について述べたくだりがあります。ちょっと長いのですが、紹介しておきましょう。

婦人《ふじん》の齢四十《よわいよんじゅう》も、亦一生《またいっしょう》変化《へんか》の時候《じこう》と為《な》す。三十前後《さんじゅうぜんご》猶《な》お羞《しゅう》を含《ふく》み、且《か》つ多《おお》く舅《きゅ》姑《うこ》の上《うえ》に在《あ》る有《あ》り。四十に至《いた》る比《ころ》、鉛華《えんか》漸《よう》く褪《あ》せ、頗《すこぶ》る能《よ》く人事《じんじ》を料理《りょうり》す。因《よ》って或《あるい》は賢婦《けんぷ》の称《しょう》を得《う》るも、多く此《こ》の時候《じこう》に在り。然《しか》れども又其《またそ》の漸《よう》く含羞《がんしゅう》を忘《わす》れ脩《しゅう》飾《しょく》する所無《ところな》きを以《もっ》て、則《すなわ》ち或《あるい》は機智《きち》を挟《さしはさ》み、淫妬《いんと》を縦《ほしいまま》にし、大《おお》いに婦徳《ふとく》を失《うしな》うも、

亦多く此の時候に在り。

何となく、意味がつかめるのではないかと思いますが、ようするに「女性は四十歳が人生の曲がり角」だと言っています。

概略は以下の通り。

「三十歳前後はまだ恥じらいがあって、舅・姑という怖い存在もいるからしおらしいところもある。でも四十歳になるころには、飾り気が薄れる一方で、世慣れて人あしらいもうまくなる。周囲から賢婦人と讃えられるのはこのころだ。

しかし、恥じらいを忘れて、身を飾ってきれいに見られたいという気持ちがだんだんになくなり、経験からくる手練手管を弄して安易に物事をさばくようになり、さらには身持ちを崩す人もいる。多くの場合、賢婦人としての徳を失うのはこのころだ。

つまり、女性として大成するもしないも、四十歳ぐらいが分かれ道なのである」

これは、私ではなく一斎が言っているんですよ、念のため。それに、現代女性は四十歳でもまだまだ若く、飾り気がない、なんてこともありません。むしろ、アンチエイジングの準備を着々と進めながら、美に気づかっておられます。

ただ、世慣れてくる、というのはあるような気がします。仕事をしている人も主婦の方も、一番脂ののりきった年ごろでしょう。それだけに、一斎のアドバイスが効くところもあるのでは？

仕事も家事・育児も、ベテランの域に入ると、どうしても慢心して、手を抜くことをしてしまいがち。ここを初心に返って一生懸命やるとやらないでは、熟年以降の人生が違ったものになってきます。

「四十歳は人生の曲がり角」ととらえ、心して毎日の仕事に励んでいただきたいところです。

また、一斎は最後に**「男子《だんし》五十《ごじゅう》の時候《じこう》のごとし。預《あらかじ》め之《こ》れが防《ぼう》を為《な》すことを知《し》らざる可《べ》けんや」**と警告しています。

「女性の四十歳は、男性の五十歳に当たる大事な時代ですよ」というわけです。男性もこれを肝に銘じてください。

35 何事も「九割できてから」が本番

若いときはエネルギーがあり余っています。体力もあり、疲れ知らずです。一斎もそのころは、**「此《こ》の学《がく》を視《み》て容易《ようい》に做《な》す可《べ》しと謂《い》えり」**、儒学なんて簡単にマスターできると思ったようです。そのくらい、猛烈なスピードで書物を読み、知識をぐんぐん吸収していたのでしょう。

ところが、晩年に至って**「蹉《さ》跌《た》して意《い》の如《ごと》くなる能《あた》わず」**で、思うようにはかどらないと嘆いています。

これには、二つの意味があるように思います。ひとつは、文字通り年をとると、何をやるにも時間がかかるようになる、ということです。八十歳でエベレストに登った三浦雄一郎さんも、このあいだ同じことを言っていました。「半日でできる仕事に一日かかる」と。

若いときは、「午前中はこれとこれをやって、午後はあれをやって」と、多くの仕事をスイスイ進められますが、六十、いや五十も過ぎるころからそうはいかなくなるのです。私なども痛感しています。

人間は誰しも老いるので、まだ若いみなさんもいまからそれを承知しておいたほうがいい。四十歳くらいから細胞は老いてくるとも言われますからね。

もうひとつ、仕事にも当てはまります。たとえば新しいプロジェクトに取り組むとか、新たな事業を立ち上げるといった場合、最初のうちはガンガン進みます。やることすべてが新しいから、非常に新鮮な気持ちで取り組めますし、ゼロからのスタートですから目覚ましい成果が上がります。

けれども、半ばを過ぎたころから、だんだん失速することが多いのです。仕事に慣れてマンネリ化することで勢いがなくなったり、仕事を侮って思わぬ失敗をしたりすることもあれば、より高度なことを求められて停滞することもある。

そうして、つまずくことが増えて、そこから成果があまり上がらなくなってしまうのです。

一斎はこれを山登りにたとえて、**「麓《ふもと》より中腹《ちゅうふく》に至《いた》るは易《やす》く、中腹より絶頂《ぜっちょう》に至るは難《かた》し」**と言っています。

たしかに山登りって、頂上が見えてきてから、歩は遅くなるし、頂上を遠く感じますよね。それと同じで、人生も仕事も後少しでゴールというところからが難しいのです。

もっとも、このことがわかっていると、対処のしようもあります。老いてきたら

「ペースダウンするのは当たり前。焦らず、がんばり過ぎず、地道に生きていこう」

と思えばいい。

仕事が大詰めまできたら、

「ここからが正念場。遅々とした伸びであっても、挫けずに、やっていこう」

と気合を入れ直せばいい。最後の言葉を、そういうときの戒めとしてください。

36 「年齢」を逃げ口上にしない

凡《およ》そ晩年《ばんねん》為《な》す所《ところ》は皆《みな》収結《しゆうけつ》の事《こと》なり。古語《こご》に「百里《ひやくり》を行《い》く者《もの》は九十《きゆうじゆう》を半《なかば》とす」と。信《まこと》に然《しか》り。

年齢による過信というものがあります。

たとえば、若者は若いのをいいことに、わがままなふるまいをしてしまいがち。「若いのだから、多少のことは大目に見てもらえる」という甘えがあります。「若気の至り」なんて便利な言葉もあるからか、「ときには思慮分別に欠ける行ないをしたって、いいじゃないか。若いんだから」という考えを持ってしまうのです。

けれども本来、わがままなふるまいと年齢とは、まったく関係がありません。

また、働き盛りの人はとにかくエネルギッシュですから、元気に任せてやり過ぎてしまう傾向があります。それで倒れでもしたら、元も子もありません。「体力には自信があったんだけどなぁ。まだまだ若いから」なんて後悔しても、後の祭りです。

さらに、老年期になった人は、年の功を笠に着て、やたら威張りたくなるものです。「俺様が出張するんだ。ビジネスクラスのチケットを用意するのは当たり前だろ」という態度を取ったり、「何、取引先と会食？　一流料亭でなきゃ行かないよ」といった要望を押しつけたりする人がちょくちょくいるでしょう。

あるいは、ちょっと大変そうな仕事があったりすると、「俺は、もういい年だから」

と年齢を言い訳にする場合もあります。

いずれにせよ、年齢を逃げ口上に使ってはいけません。いま、自分がどういう年ごろなのかを注意して、行動してください。『言志耋録　三三二』にこうあります。

少者《しょうしゃ》は少に狃《わかき》るること勿《な》れ。壮者《そうしゃ》は、壮《そう》に任《にん》ずること勿《なか》れ。老者《ろうしゃ》は老《ろう》を頼《たの》むこと勿れ。

4章

「人間通」になる

——人の本性を見抜き、人を味方につける秘訣

37 「人間通」になる二つのポイント

一斎が「世渡りの要点は、この二つしかない」と言い切っているのが、『言志晩録二一二』のこの言葉です。

言《げん》を察《さつ》して色《いろ》を観《み》、慮《おもんぱか》りて以《もっ》て人《ひと》に下《くだ》る。

ひとつ目が、「相手の言うことを言葉通りに受け取るのではなく、本当は何を言いたいのかまで察すると同時に、表情から心情を読み取りなさい」ということです。人間、正直者ばかりではありません。世の中には、心にもないことをペラペラとしゃべる人もいれば、本心をなかなか明かさない人、思っていることと逆のことを言う人、表現が大げさな人、ウソをつく人……いろいろな人がいます。だから、「言葉の裏を読んで、真意を探る」ことが必要なのです。

でも、言葉だけではわからなかったり、確信が持てなかったりする場合があります。

ですから、同時に表情を見なければいけません。

俗に「目は口ほどにものを言う」とか「目はウソをつかない」などと言われるように、表情のなかでもとくに目が重要です。

相手の目をまっすぐ見たときに、さっと目をそらしたり、目を泳がせたりしたら、「心にもないことを言いました。ウソをつきました」と白状しているのも同然です。

そうではなくて、まっすぐ見返してきたら、言葉通りに信じてもいい。ただ、その目にちょっと不満げな光が感じられるなら、「まだ言い足りないことがある」のかもしれません。あるいは気弱な感じがあれば、それは「言葉にできないけど、察してよ」というサインと受け取れます。

いずれにせよ、目を見ればだいたいのことがわかるはずです。

二つ目は、「思慮深く、謙虚でありなさい」ということ。

軽々しい発言をしないで、よくよく考えてものを言い、相手にへりくだった態度で接しなければいけません。

とくに注意が必要なのは、別れ際でしょう。たとえ相手と意見が衝突するなどして、険悪な雰囲気になっても、最後は下手に出てにこやかに終わりにする。殴り合って終わりなんてもってのほかで、「何だ、このバカもん！」みたいな暴言を吐いてケンカ別れするのもいけません。

どんなに頭にくることがあっても、「かみ合わないところはあったけれど、あなたを頼みにしています。どうか今後ともよろしくお願いしますね」くらいのことは言ってください。傲慢な人は嫌われ、謙虚な人は好かれるのが世の常なのです。

これら二つのことをちゃんとやるだけで、かなりの人間通になれるはず。そうなれば、世渡りに苦労することもなくなります。

38 「心」で考え、「情」で行動する

学ぶときに最も大切なのは「心」である。これは前にも述べた通りですが、仕事全般、同じことが言えます。

どんな企画にするか、取引先とどういうふうに交渉するか、売り上げアップのために何ができるか、どうすれば業務の効率化ができるか……。すべては自分の心が決め

ること。

だからこそ、その心をいい状態に保っていなければ、いい結果が出ないのです。それに加えて一斎は『言志晩録　一』で、「情」について言及しています。

政《まつりごと》を為《な》すの着眼《ちゃくがん》は、情《じょう》の一字《いちじ》に在《あ》り。情に循《したが》って以《もっ》て情を治《おさ》む。

「情」とは、自分以外の人たちの心の状態を意味します。学ぶときの「心」は自分の心のことを指していて、実にいい対比になっています。

管理職になれば、部下の心を思いやる必要があります。同様に、親なら子、友人・知人なら相手、ビジネスにおいては取引先やお客様の心を思いやる。つまり、「人の心を読む」ということです。

いつもそこを意識して人に対していると、経験を積むほどに自然と「人間通」になっていくはずです。

もちろん、その場合も人の心を読むのは自分の心。一斎は自分の心を治めることを「聖道」、人の心を思いやって行動することを「王道」とし、**「王道《おうどう》、聖学《せいがく》は二《に》に非《あら》ず」**

と結論づけています。

自分の心も他人の心も、「心を読む」という部分では同じだということです。

39 善人も、悪人も、紙一重

人の心は常に、善と悪の間で揺れ動いているようなもの。実に危ないのです。

一斎は『言志録　一九五』で怖いことを言っています。

人心《じんしんこ》惟れ危《あやう》ければ、則《すなわ》ち堯舜《ぎょうしゅん》の心《こころ》即ち傑紂《けっちゅう》なり。道心《どうしん》惟れ微《び》なれば、則ち傑紂の心即ち堯舜なり。

堯《ぎょう》・舜《しゅん》は名君として知られる立派な人物。一方、傑《けつ》・紂《ちゅう》は暴君を象徴する、悪辣非道の限りを尽くした人物です。「酒池肉林」という言葉がこの傑紂のふるまいに由来することひとつとっても、とんでもない〝悪者〟だとわかるでしょう。

つまり、堯舜と傑紂は対極にあるのですが、一斎は「堯舜のような傑物だって、いつ傑紂のような悪人になるかわからない。そのくらい人心は危ないんだよ」と言っています。怖いでしょう？

では、どうすればその人心の危うさを、悪に傾かないようにできるか。それは、わずかでも「道心」、人間としてあるべき道を進もうという気持ちを持つことだ、と一斎は言っています。そうして道心をぐっと強めていけば、傑紂のような人物でも堯舜のようになれる、というのです。

これは、やさしさにあふれた言葉。私たちも常に、自分の心にある〝傑紂的心〟を〝堯舜的心〟に導いていきたいものです。そういう自己コントロールが「自己の確立」につながることを付言しておきましょう。

40 「思い」を練り上げる

人間は心に思った通りに行動します。心にもないことを言ったり、したりすることは、本来ならありえないのです。

なぜなら、言動はすべて、心が決めるからです。

それなのに、なぜ思い通りに行動できないのでしょうか。思いとは違うことをやってしまうのでしょうか。その答えは『言志後録　二八』にあります。

「心《こころ》の官《かん》は則《すなわ》ち思《おも》うなり。思うの字《じ》は只《た》だ是《こ》れ工夫《くふう》の字のみ」——思うというのは、工夫をすることだ、というのです。

工夫とは、「こうしたほうがいいかな。ああしたほうがいいかな」「相手はこうして欲しいのかな。ああして欲しいのかな」と、いろいろ考えて、思いを練り上げて行動を決定していくことを意味します。

つまり、思い通りの行動ができないのは、その工夫が足りない、熟慮が足りない、思いが練れていないからです。さらに、一斎は言います。

思《おも》えば則《すなわ》ち愈《いよいよ》精明《せいめい》に愈篤実《とくじつ》なり。其《そ》の篤実なるよりして之《これ》を行《こう》と謂《い》い、其《そ》の精明なるよりして之を知《ち》と謂う。

熟慮を重ねていくと、自分のなすべきことが見えてくる、人の本心や人間性に対する理解も深まる。そうして得た思いが行動に反映されることが「知行合一」。源には心がある、ということです。

もっとも、自分では熟慮したつもりでも、うまくいかないことはあるでしょう。人の心を読み誤るときもあります。

それはいいんです。「まだ思いが浅かったな」と反省し、試行錯誤するなかでより深く思うことができるようになりますから。

41 質問攻めにして本性を見抜く

「外見で人を判断してはいけない」とは、よく言われること。『言志耋録 一七四』にも書かれています。

とはいえ、わかっていても、つい外見に惑わされてしまうのが人間でもあります。

高価な時計をしていたり、指に宝石が光っていたり、自分の年収を投じても買えないような高級車に乗っていたりする人を前にすると、それだけで「大人物に違いない」と判断してしまいがちです。

そんなもの、全部レンタルかもしれないのに。

人の本性を見抜く方法として、一斎はさらに次のことを提言しています。

「須《すべか》らく之《こ》れをして言語《げんご》せしめ、就《つ》きて其《そ》の心術《しんじゅつ》を相《そう》すべくば可《か》なり。先《ま》ず其の眸子《ぼうし》を観《み》、又《また》其の言語を聴《き》かば、大抵廋《たいていかく》す能《あた》わじ」と。

「とにかく話をさせろ」と言うんです。言い換えれば、「質問攻めにしろ」ということです。その際、「そうですか、すごいですね」と相手をおだてるのがコツ。調子に乗って、いくらでもしゃべってくれます。

すると、三十分もすれば、相手の心の動きが手に取るようにわかってきます。「語るに落ちる」とはよく言ったもので、虚言を吐いていた人もうっかり本当のことをしゃべってしまうことが多いのです。

このとき、同時に目を見ることも大切です。目だけはウソをつけませんからね。加えて、目力があるか、目が輝いているか、目線が定まっているかなどを観察するといいでしょう。

そのうえで、さらに話を聞く。しつこいと思われようが、同じ質問を繰り返すのが効果的です。それで、言うことがころころ変わるようであれば、信用できません。

目線がしっかり定まっていて、目力があって、言うことにブレがない。そういう人が信頼するに足る人物なのです。

42 〝善人仮面〟を見破る

人の性格は一面的に見ると長所だけれど、逆から見れば短所になる。そうですね？

人物を見るときはそこを考え、立派に見える人も本当に立派かどうかを見抜かなければいけません。

言うなれば、〝善人仮面〟をはがして、本質を見抜く目を持つことが重要なのです。

一斎はそういった仮面の下に隠れた短所の例をたくさんあげています。

たとえば『言志耋録　一七八』にはこうあります。

執拗《しつよう》は凝定《ぎようてい》に似《に》たり。軽遽《けいきよ》は敏捷《びんしよう》に似たり。多言《たげん》は博識《はくしき》に似たり。浮薄《ふはく》は才慧《さいけい》に似たり。

自分の意思を通そうと、執拗《しつよう》に食い下がる人がいます。一見、「意思の固い人だね。信念があるんだね」と思えますが、実は「ただしつこいだけ。偏狭で頑固なだけ」かもしれません。

何かあると、すぐに行動する。そんな人は俊敏そうに見えるけど、単に腰が軽いだけかもしれない。いま流に言えば、軽いノリ。褒められたものではありません。

立て板に水のごとく、何でもスラスラとしゃべれる人は、「博識だね」なんて褒められます。でも、ただ言葉数が多いだけである可能性もあります。

軽佻浮薄《けいちようふはく》、軽はずみで浮ついていて、落ち着きのない性格は、決していいとは言えません。でも、ときに「才知の優れた人」のように見えることがあります。

この四項目だけでも、膝を打ってしまいませんか？　たぶん、みなさんも人を一面的に見て信頼し、痛い目に遭った経験があるのではないかと推察します。

また『言志耋録　二一〇』では、こう言っています。

「怠け者っていうのは、往々にしてゆったりと心の広い人に見えるものだよ。厳格な人は正義感が強いように見えて、実はただ容赦なく人を痛めつけるのが好きなだけかもしれないね。立派な志に見えて、実はそこに私利私欲が潜んでいることもあるよ。そこら辺を見誤らないように注意しなさい」

まだあります。超訳で羅列していきましょう。

「なかなか自分の感情を表に表わさない人が、必ずしも人間ができているわけではない。慎み深いようでいて、実は秘密主義なのかもしれないよ。柔《じゅう》和で媚びへつらう柔《じゅう》媚《び》な人は、しばしば謙虚で素直な人と見間違えられる。でも、自分がないだけではないかい？　自分の意思を曲げない人は自信たっぷりのようだけど、単なる強情者でしかない、という可能性もあるよね」（『言志録　二二四』）

「人情の本質は複雑で難しい。たとえて言うなら海や川の水のようなもので、流れが穏やかなときもあれば、荒れ狂うこともある。いかに人情深い人も、何か気に食わないことがあったり、信じていた人に裏切られたりすると、いつ激情をほとばしらせるかわからないんだよ。人の情けにすがるときは、よくよく気をつけなさいよ」（『言志録　六四』）

「才気煥発、才能豊かな人はすばらしいね。でも、鋭い刃みたいなもので、いつこちらが斬られるかわからない。そういう人だと見抜いたら、刃を鞘に納めて抜かないよう、注意してつき合わないといけない。逆に、自分が才気煥発なのであれば、刃を鞘に納めておくよう努めることが大切だよ」（『言志録　六四』）

どうですか、一面的に人を見てはいけないことが身に沁みるのではないでしょうか。でも、一斎は「人を両面から見る」だけではなく、自分自身のこともそういう目で見ることが重要だと説いています。

『言志耋録　一七八』に、

人《ひと》の似《に》たる者《もの》を視《み》て、以《もっ》て己《おの》れを反省《はんせい》すれば、可《か》なり。

とあるように、人の本性を見抜くときと同様、「自分では長所と思っていることも、逆から見れば短所かもしれない」と自己反省することを忘れてはいけない、としています。おっしゃる通り、といったところでしょうか。

43 春風のように人に接し、秋霜のごとく自分を正す

一斎の講義をやっていて、受講生たちから大変人気があるのが、『言志後録　三三』にある、次の言葉です。

春風《しゅんぷう》を以《もっ》て人《ひと》に接《せっ》し、秋霜《しゅうそう》を以て自《みずか》ら粛《つつし》む。

人との接し方、自分に対する姿勢を自然にたとえているところが心憎いばかり。この詩的な表現がまた、読む人の心に爽やかに響くのでしょう。

「温かな春風のように人に接し、秋の霜のような厳しさをもって自らの身を正しなさい」——まさに人間の理想像とも言うべき姿です。

こういう人物に会うと、冷え切った心も温まります。心地よく癒され、同時に元気も与えてもらえそうです。

それでいて、自分には非常に厳しいので、信用に足る人物でもあります。誰もがこ

ういう人を一生の友人、一生の上司にしたいと思うでしょう。

これが逆だったら、どうですか？　自分に対しては春風のように生ぬるく、人に対しては秋の霜のように冷たく厳しい。誰も関わりを持ちたくありません。

短い言葉ですので、ぜひ覚えて、折に触れて声に出して言ってみてください。なかなかいいものですよ。

44 視・観・察——人を見抜く三つの「目」

相手が誰であれ、人間関係を構築するには、その人がどんな人物か見抜くことが必要になります。『論語』の「為政第二」に、人間観察の三つの要点があげられていますので、まずそこを見てみましょう。

其《そ》の以《もっ》てする所《ところ》を視《み》、其の由《よ》る所を観《み》、其の安《やす》んずる所を察《さっ》すれば、人《ひと》、焉《いず》くんぞ廋《かく》さんや。

ここで注目したいのは、人を見ることに対して「視」「観」「察」と三つの漢字が使い分けられていることです。

最初の「視」は、相手の言動を表面的に見ること。そこを出発点として、次が「観」。生い立ちや、場合によっては数代前に遡って、相手が過去にどんなことをしてきたのかを知り、全体像をつかむ。

そして最後が「察」。相手が無防備な、言ってみればボーッとしているときの様子を観察し、何が言いたいのか、何がしたいのか、心のなかをのぞく。そうすれば、人物の本当の姿、気持ちがわかる、としています。

おもしろいのは、一斎がこの言葉を人間の生涯に置き換えて論じているところ。『言志後録　二四〇』で、三十歳以下を「視」の時代、三十～五十歳を「観」の時代、五十～七十を「察」の時代としています。超訳すると……。

「三十歳までは、まだまだ人間として未熟だから、人間観察といっても外面的なことしかわからないだろうね。でも、注意深く見ていれば、いろんな情報が得られるよ。人の話を聞くことが大事だね。

三十歳を過ぎると、世の中を見る目も養われてくるね。五十歳くらいまでに、人の考え方が背景も含めてわかるようになるんじゃないかい。

五十歳を超えて七十歳にもなろうかというころになると、人を見抜く目もずいぶん鋭くなるはずだよ。まさに『五十にして天命を知る』で、自分の境遇を楽しめるようにならないとね」

この次のくだりがまた、おもしろいんです。読んでみましょう。

而《しこう》して余《よ》の齢《よわい》今《いま》六十六《ろくじゅうろく》にして、猶《な》お未《いま》だ深《ふか》く理路《りろ》に入《はい》る能《あた》わず。而《しか》るを況《いわん》や知命《ちめい》、楽天《らくてん》に於《おい》てをや。余齢《よれい》幾《いく》ばくも無《な》し。自《みずか》ら励《はげ》まざる容《べ》からず。

一斎ほどの人が「自分はいま、六十六歳だけど、まだまだ道理の奥深くまで入っていけないでいる。もうそんなに長くは生きられないだろうけど、心してがんばらないといけないなぁ」と言っているのです。

ちょっとほっとすると同時に、一斎の人間臭い一面が魅力的に感じられるのではないでしょうか。

45 いくら老練の人でも「ならぬものはならぬ」

老齢《ろうれい》は酷《こく》に失《しっ》せずして、慈《じ》に失す。警《いまし》む可《べ》し。

「年をとると、人間が丸くなる」とは、よく言われること。『言志晩録 二六〇』でも、「厳しくし過ぎて失敗することはなくなる」と言っています。

いろんな経験を積んできた分、人のやることなすことに目くじらを立てて、「ダメじゃないか！」なんて怒鳴らず、比較的鷹揚《おうよう》に構えていられますよね？ だから、人と摩擦を起こすようなことは少なくなります。

けれども、

「情にほだされたり、甘やかしたりして失敗する部分がある」

と、一斎は指摘しています。言われてみれば、「当たってるなぁ」と思いますね。

私の周りにも、それゆえに失敗した人たちが少なくありません。たとえば、

「あんまり一生懸命すすめてくれるもんだから、つい、いらないものまで買っちゃっ

たよ」

「上司に厳しく叱られた若者がかわいそうでねぇ。うっかり『まぁ、いいじゃないか。許してやれよ。がんばってるんだから』なんて割って入ったら、その若者が図に乗って先走っちゃってね。とんでもない大失敗をしてしまったんだ。後で自分が糾弾されちゃったよ」

「長年のつき合いだから、困っていると言われると放っておけなくてね。うっかりお金を貸したら、トンズラされちゃった。大切な老後資金だったのに」

といった話を、ときどき耳にします。「情」には要注意です。

また、次の『言志晩録　二六二』にも、老人への戒めの言葉があります。

人《ひと》は老境《ろうきょう》に至《いた》りて儘《まま》ゝ善《よ》く忘《わす》る。唯《ただ》ゝ義《ぎ》のみは忘る可《べ》からず。

「年をとって、物忘れがひどくなるのはしょうがないにせよ、義のことだけは忘れてはいけませんよ」とは、何とも皮肉なもの言いです。

義についてはで後くわしく述べますが、ここでちょっとテストをします。

「あなたが二、三週間、ろくにものを食べていなくて、餓死寸前だったとします。そのとき、親切なご婦人がパンを一切れ差し出してくれました。受け取りますか?」

「受け取りません」なんて答える人はいませんよね? いいんです、受け取っても。でも、そのご婦人がパンを投げてよこしたら、あるいは足でポンと蹴って恵んでくれたら、どうですか?「食べ物を足で蹴る人なんていない」なんて言わないでくださいよ。これは孟子が言っているんですから。

いまは、そんな屈辱的な与えられ方をしても、受け取ってしまう人が多いから困るのです。たとえ餓死したとしても、断じて受け取るべきではありません。ご婦人のこの行為が義にもとるものではない以上、それに乗じてはいけないのです。

孟子は「義は命より尊し」と言っています。なぜなら、義をおろそかにすると、社会の根本が崩れてしまうからです。極端な話、「自分がいい思いをできるなら、何をしてもいい」となってしまいます。

吉田松陰はこの問いかけに、

「断じてもらってはならぬ。ならぬものはならぬ」

と言っています。理屈抜きだと。「そんなふうに義を貫く人間がひとりでもいれば、社会がよくなるんだ」とも。

年をとって老練になるのはいいけれど、「まぁ、いいじゃないか、いいじゃないか」と「何でもあり」みたいになってはいけない。義がグダグダになってしまう危険がある。一斎はそう諭しているわけです。

5章

世の中の法則と一体になる

――欲を制して視野を広げる

46 世の中の〝秩序〟を知る

『言志後録　五九』の**「元《おおい》に亨《とお》る貞《ただしき》に利《よろ》し。八月《はちげつ》に至《いた》りて凶有《きょうあ》り」**には『易経』の言葉が引用されています。これは「元亨利《げんこうり》貞《てい》」といって、宇宙は何億年もの間秩序が保たれ、すべてが円滑に回っていることを意味します。

宇宙には、あっちで衝突、こっちで混乱、といったことはありませんね？　宇宙のメカニズムそのものに、そういったことが起こらない秩序が形成されているからです。「宇宙の一員である私たち人間も、そこを見習おうよ」というのが儒家の出発点なのです。

そこで重視されるもののひとつが「礼」。一人ひとりが八方を見まわして、ほかの人や物にぶつからないように注意して行動する。それが秩序を形成するんだ、という考え方です。

もうひとつ、重視するべきものとされるのが「道徳」。宇宙がすべての存在を生み出し、成長させるように、人間も創造活動をしていく、それが人の踏み行なうべき道だということです。

つまり、『易経』は秩序形成と創造活動の二つが、人間が正しく生きるうえで非常に重要だとしているわけです。

次の「八月に至りて……」というのは、陰陽のことを表わしています。常に「陰があれば、陽がある。陽があれば、陰がある」ことを意識して、偏りをなくすよう行動しなければいけません。

順調に事が運んでいるときは陽の気が強まっているので、内部充実を図って陰の気を補うことが必要なのです。それが、「進歩中に退歩を忘れず」ということです。

47 天地は「誠心誠意取り組む」人を助く

私たち人間をはじめとする生き物は、天と地の間に生きています。別の言い方をすれば、存在はこの世にあっても、思考は天高く、地深く、宇宙全体に広がっている、ということです。

だからこそ、「我《わ》れ両間《りょうかん》に立《た》ち、仰《あお》いで観《み》、俯《ふ》して察《さつ》し、裁成《さいせい》して之《こ》れを輔相《ほそう》す」、天と地の意思を汲み、助けを借りながら生きていくのがいい。『言志耋録　八三』にそうあります。

一番わかりやすい例が『言志録　五〇』の一文でしょう。「五穀は自然に生ずるけれど、人が土を耕さないと成熟しない」としています。

つまり、大事なのは「天地と一体になって生きる」こと。これは、剣道の奥義にも通じるもので、いざ勝負のときに己がなくなって天地一体となることが重視されています。自分の体が天の力と地の力に操られているようでなければ、勝てないのです。

では、どうすれば天地と一体になれるのか。

その答えは、『中庸』という書物にある「能《よ》く其《そ》の性《せい》を尽《つ》くす」という言葉でしょう。

つまり、誠心誠意、人間性を発揮する。外聞を気にしたり、見栄を張ったり、欲に翻弄されたりすることなく、そういったよけいなぼろきれは全部脱いで、無垢の心のままに行動する、ということです。

なかには「誠って何だ?」とわからなくなっている人がいるかもしれません。

そういう人は、生まれたばかりの赤ん坊をイメージしてみてください。無垢の心で生きているでしょう？　その心こそが天に通じる「至誠」なのです。成長するにつれて身にまとってしまったぼろきれを脱げば、必ず誠の心が見えてきます。

また『中庸』には、**「天地《てんち》の化育《かいく》を賛《たす》く可《べ》ければ、天地と参《さん》たるべし」**とあります。天地はすべてのものを生み、そのものらしい特性を発揮するよう育てる「生成化育」の働きを有している。松は松らしく、蝶は蝶らしく、象は象らしく、人間は人間らしく……その天地の営みに参加しよう、ということです。

よく「あいつは化けるよ」なんて言い方をしますね？　あれは、天性が発揮されて大物になるよ、ということ。まさに天地の営みの輪のなかに入って、人間性が発揮されたことを意味します。

何事も誠心誠意、取り組んでください。そうすれば仕事も人生もうまくいく、なんてケチなことは言いません。

天地と一体になる感覚をつかむことで、思考・行動が宇宙規模に広がっていく、その醍醐味を味わって欲しいのです。

48 心の中の〝太陽〟に気づけ

人間はひとりでは生きていけません。人づき合いを避けて通ることはできないのです。それだけに、関わりのあるさまざまな人との間に軋轢が生じます。

たとえば、互いの気持ちを理解し合えずに、関係がぎくしゃくする。相手の顔色をうかがいながら、びくびくする。欲得ずくのつき合いに終始する。自分の思い通りに人を動かそうとする。逆に、誰かの思い通りに操られる。あるいは、誰かと比べてはうらやましがったり、得意がったりする。

人とつき合えば、必ずと言っていいほど、そういったわずらわしいことがセットでついてくるものです。ある意味では、それがまた人生なのですが、いつもいつも心のなかがゴタゴタに悩まされるなど、まっぴらごめんですよね？

では、どうすればそのゴタゴタを減らすことができるのか。『言志後録　九』がズバリ、そのポイントを教えてくれます。

都《すべ》て是《こ》れ習気《しゅうき》之《こ》れを為《な》すなり。之《これ》を魑魅《ちみ》、百怪《ひゃつかい》の昏夜《こんや》に横行《おうこう》するもの、太陽《たいよう》の一《ひと》たび出《い》ずるに及《およ》べば、則《すなわ》ち遁逃《とんとう》して迹《あと》を潜《ひそ》むるに譬《たと》う。心《こころ》の霊光《れいこう》は、太陽と明《ひかり》を並《なら》ぶ。能《よ》く其《そ》の霊光に達《たつ》すれば、即ち習気消滅《しゅうきしょうめつ》して、之れが嬰累《えいるい》を為すこと能《あた》わず。

心のゴタゴタを、夜の真っ暗闇のなかで跳梁跋扈《ちょうりょうばっこ》する魑魅魍魎《ちみもうりょう》にたとえているのがおもしろいところ。

奴らが太陽の出た瞬間に雲散霧消してしまうように、自分の心の持つ霊光にさらせば、すべてのわずらわしさが消えていく、というのです。

その心の霊光に気づくことが、人づき合いにともなって生じる邪気・邪念、つまり道理にはずれた欲望や、自分勝手な言い分などを払う第一歩だということです。

「それはいいけど、心の霊光というのがわからない」、そうですね？　ひとことで言うならこれは、前に出てきた「敬」と「誠」です。もっと言えば、天を敬い、天意にしたがって自分の誠を尽くすことです。

そうすると、心はどうなりますか？　感謝の気持ちで満たされるんです。

「天（太陽）の恵みあって、自分は生きていられるんだ」と再認識することで、天を敬う気持ちが生じ、心から「ありがたい」と思えるわけです。

そこから派生して、両親や友人・知人、ひいてはすべての人たちに感謝する気持ちが生まれます。さらに、何が起きても「ありがとう」となっていきます。

心の霊光に気づくとは、そういうこと。心をわずらわせるすべてのことは、感謝の気持ちが払拭してくれます。

49 あなたにも、必ず〝天命〟がある

我《わ》れ既《すで》に天《てん》の物《もの》なれば、必《かなら》ず天の役《やく》あり。天の役共《きょう》せずんば、天の咎《とが》必ず至《いた》らむ。

天はなぜ自分を生んだのでしょうか。そこに、どんな意味があるのでしょうか。

そんなことを改めて考えてみたとき、答えはこの『言志録　一〇』に見出すことができます。それは、

「人は誰しも、天に役目を与えられて、この世に生まれてきた」

ということ。であるならば、自分にいま与えられている役割は何かを知り、それを一つひとつ成し遂げていく覚悟を決めることが大切です。

そうすれば、天は喜び、力を貸してくれます。

逆に、その役割を無視したり、途中で投げ出したりすると、天は怒ります。そして、天罰を下すのです。

このように、自分に与えられた役割のことを「天命」といいます。ただ、いきなり「天命を知れ」と言われると、戸惑ってしまうかもしれません。そう大げさに考えないでください。孔子だって「五十にして天命を知る」と言っているくらいですから、あわてなくても大丈夫です。

とにかく、いま自分がやるべきことこそが自分に与えられた役割、天命のひとつなのだととらえてください。

その役割をしっかり果たし、一方で人間性に磨きをかける。そういう日々を積み重ねることで、天命もだんだんにスケールアップします。

やがて考えるまでもなく、「世のため人のために自分がなすべきことは何か」が見えてくるでしょう。

50「人を相手にせず、天を相手にせよ」

凡《およ》そ事《こと》を作《な》すには、須《すべか》らく天《てん》に事《つか》うるの心有《こころあ》るを要《よう》すべし。人《ひと》に示《しめ》すの念《ねん》有るを要せず。

繰り返しますが、私たちは天に代わって、さまざまな事をなしています。言い換えれば、天に仕える身です。その気持ちを忘れてはいけない。「天ではなく自分がやったんだ」などと考えるのもおこがましいし、自分が真心を込めて事をなしているかどうかを人に問うべきではない。天に問え。一斎は『言志録　三』でそう言っています。

西郷隆盛も『南洲翁遺訓』のなかで、同じことを言っています。

「人を相手にせず、天を相手にせよ。天を相手にして、己を尽くし人を咎めず、我が誠の足らざるを尋ぬべし」と。

天というのは、常に公平無私。人によって態度を変えたり、考えを曲げたりすることは決してありません。だからこそ、信じることができるのです。

人間は違いますね？　簡単に前言を翻す、ウソをつく、だます、相手によって態度を変えるなど、およそ公平無私とは言えません。信用ならないのです。南洲はそういう人間にイヤというほど痛い目に遭わされたからこそ、人間を相手にせず、常に天を相手になすべきことを問うていたわけです。

みなさんもぜひ、天と会話をしてください。いたずらに心を乱されることも、迷うこともなくなります。

51 人が見ていないところで、あなたは何をしているか

「自分のなかに、二人の自分がいる」と感じたことはありませんか？

それは正しい感覚です。『言志録　一二二』に**「本然《ほんぜん》の真己《しんこ》有《あ》り。軀殻《くかく》の仮己《かこ》有り」**とあるように、自分のなかには「真己」と「仮己」が存在しています。

「真己」とは、天意にしたがって生きる本当の自分。「仮己」とは、肉体を備えた、外見から認識される自分の仮の姿です。

両者の区別がなかなか難しいのですが、わかりやすく言えば「本能や欲望に翻弄されるのが仮己で、そういった欲望を理性で制して道義的に生きるのが真己」ということです。

たとえば、何か悪事に手を染めそうになったとき、「もうひとりの自分の『やめろ』という声が聞こえた」なんてことがあるでしょう？　この場合は「やめろ」と言ってくれるのが「真己」なのです。『言志耋録　四〇』にはこうあります。

真《しん》の己《おの》れを以《もつ》て仮《かり》の己れに克《か》つは、天理《てんり》なり。身《み》の我《わ》れを以て心《こころ》の我れを害《がい》するは、人欲《じんよく》なり。

「真己」をしっかりと持ち、「仮己」の欲望に克つことが天の道理。負けてしまったら、「真己」がダメになってしまうというのです。

大事なのは「克己《こつき》」。放縦・怠惰な自分を抑制できるよう、自分を鍛えなければいけません。その鍛え方には、三つあります。

第一に「慎独《しんどく》」。周囲の目のない、ひとりのときこそ、誰に見られても恥ずかしくない完璧なふるまいを心がけることを意味します。

たとえば、家のなかで寝っころがって、だらけた格好をしていたとします。そのときに不意に来客があったので、あわてて身仕舞いを正す。

そういうのはいけないんです。なぜなら、人がいるときといないときで態度を変えているわけですから、ウソをついていることになります。

こういったふるまいを続けていると、真己たるもうひとりの自分に責められます。「お前、ウソつきだな」と。そうすると、だんだん自分で自分を信じられなくなります。つまり、自信がなくなるのです。

そうならないよう、たとえ誰もいなくても、誰かがいるときのようにふるまう。そうすれば、「いつ人前に出ても大丈夫。いつもの自分で勝負できる」というふうになり、自然と自信が湧いてきます。

私の経験では、三カ月も「慎独」を意識して行動していると、自然と「真己」がしっかりしてきます。自宅が道場です。しっかり鍛練しましょう。

第二に、「立腰《りつよう》」。なぜ腰を立てなければいけないか。ひとつは、日本人は外国人に比べて小柄で、しかも腸が長いから。腸は二十四時間、休みなく蠕動《ぜんどう》運動をして、食べ物から栄養を吸収していますが、腰を曲げていると圧迫されて、蠕動運動が妨げられるのです。

腸は「第二の頭脳」とも呼ばれる大事なところ。腰を立てて腸空間を広げ、腸を快適にしてあげなければいけません。

また、姿勢が悪いと背骨が曲がるので、骨髄のなかの血液の流れがスムーズにいきません。堂々としていて立派な人は、気血が十分に行き渡っている人。腰を立てることで、その構えができます。

そして第三に、本項のテーマである「克己」。鍛練としては、誘惑に負けそうなときに、「いやいや、まだまだ」と、自分をコントロールするといいでしょう。

たとえば、「今日はもう、仕事をおしまいにしようかな」という気持ちが出てきたら「後十分」がんばるとか、何かイヤなことがあってカッと頭に血が上ったら「怒らない、怒らない」となだめるなど、欲望のままに行動しようとする自分にいちいち逆らってみてください。

以上を参考にして、「真己」が「仮己」に負けないよう、鍛練することをおすすめします。

52 通らない道理などない

　時代や状況に応じて、法律はくるくる変わります。でも、道理は不変。人として行なうべきことは、いつの時代も、どんな状況でも同じです。

「どうりでうまくいかなかったはずだ」なんて言うでしょう？　あれはつまり、道理を踏みはずしたから、うまくいかなかった、ということなのです。

『言志録　一九三』にあるように、**「理《ことわり》到《いた》るの言《げん》は、人《ひと》服《ふく》せざるを得《え》ず」**で、道理の通った言葉や行動であれば、誰もが納得するし、物事もうまく運ぶ。だから、常に自分の言動が道理にかなったものかどうか、よく考えなければいけません。

　ここまではまぁ、誰もが言うことです。でも、一斎はこれで終わりません。「道理が通らないようなことがあるなら、それは自分に原因があるんだよ」としています。どういう意味でしょう？　続くくだりを見てみましょう。

然《しか》れども其《そ》の言激《げんげき》する所有《ところあ》れば則《すなわ》ち服《ふく》せず。強《し》うる所あれば則ち服せず。挟《さしはさ》む所有

れば則ち服せず。便《べん》ずる所有れば則ち服せず。凡《およ》そ理《ことわり》到《いた》って人《ひと》服せざれば、君子《くんし》必《かなら》ず自《みずか》ら反《かえ》りみる。我《わ》れ先《ま》ず服して、而《しか》る後《のち》に人之《こ》れに服す。

「いくら道理にかなったことでも、それを感情的に言ったら、誰だって気分を害する。高圧的に出てしたがわせようとすれば、反発される。わずかでも私利私欲が絡んでいれば、見透かされる」というのが、一斎の指摘するところ。うなずくしかありませんね。

たしかに、「君は道理もわからないのか」とののしられたり、「これが道理なんだ。黙って従いたまえ」と強制されたり、振りかざす道理の裏に「俺が助かるんだよ、トクするんだよ」という相手の気持ちが見え隠れしたりしていれば、誰も納得して従おうとは思いません。

大事なのは、自分が通そうとしているその道理が、そもそも心の底から信じられるものなのか、自分自身はその道理からはずれることをしていないかどうかをチェックすること。

そのうえで「イエス」ならば、感情的にならず、無理強いをせず、誠心誠意の言葉で伝えるといいでしょう。それで通らない道理はありません。

53 猛獣使いのように「欲」を手なずける

人身《じんしん》の生気《せいき》は、乃《すなわ》ち地気《じき》の精《せい》なり。故《ゆえ》に生物必《せいぶつかなら》ず欲有《よくあ》り。地《ち》、善悪《ぜんあく》を兼《か》ぬ。故《ゆえ》に欲も亦《また》善悪有り。

『言志録　一一一』にあるこの言葉には、宋学が色濃く反映されています。

宋学とは、宋代に確立した、いわば「新しい儒家の思想」。朱子（一一三〇～一二〇〇年）が集大成しました。

特筆すべきは、それまでの伝統的観念に老荘思想や仏教の哲理、世界観などを取り込んだこと。それにより、儒学が宇宙論や宇宙生成論、人間の心理など、近代の学問にまで発展していったのです。

その宋学の影響を一番受けたのが江戸の儒学者です。一斎はその筆頭と言っていいでしょう。『言志四録』のなかにも、宋学について書かれたものは枚挙に暇がないくらいです。

冒頭にあげた言葉は、宋学の基本をなす概念です。それは、「人間の精神は『天気』、いまで言う太陽エネルギーに養われ、肉体は天の活力を得て働く『地気』によってつくられる」というもの。つまり、天気と地気をうまく活用していくのが、天と地の間に住む人間だ、という発想です。

そのなかで、人身の生気は地気の精、エッセンスを取り込んだものだとされています。そこから「故に生物必ず欲有り」につながっていくのですが、これだけではちょっとわかりにくいかもしれませんね。

ここは肉欲をイメージしてください。地が私たちの体をつくったということは、そこには当然、肉欲が介在していたはずです。そこから類推すれば、地気には欲があると見ることができます。

そして、私たちは肉体を通して地気を感得するので、地気の欲もまた感得する、ということです。

次の「地が善悪を兼ねる」というのは、地には形があり、いろんなものが入り混じっているでしょう？　そこが、形がなく純粋で、したがって善だけで満たされている天と大きく違うところ。駁雑《ばくざつ》とした地にはだから、善もあれば、悪もあるわけです。

さらに、地に善悪があるなら、私たちの体も欲も善悪を兼ね備えている。そういう論法です。

欲というのはだいたい「悪いもの」ととらえられがちですが、そう単純なものではありません。性欲がなければ子子孫孫、種をつないでいくことはできないし、物欲や金銭欲だってまったくなければ暮らしが立ち行かなくなります。

それに、「意欲」というすばらしい欲もあるではありませんか。意欲があるからこそ、人間は成長し、生き生きと生きることができるのです。

儒家をはじめとする中国古典思想では、おおむね欲望を是認しています。ただし、「ほどほどにコントロールしなさいよ」というのが、その大前提になります。

みなさん、ご承知の通り、欲ほど取り扱いの難しいものはありません。でも、猛獣使いのように欲を手なずけるところに、人生のおもしろみがあるのです。そういうおもしろさを味わいながら、欲を上手にさばいてくださいね。

54 欲を善用できる人は何より強い

前項に続いて、欲についてもう少し考えてみましょう。『言志録 一一〇』に、欲の正体とも言うべきものが明快に示されています。

大前提は**「人《ひと》は欲《よくな》無きこと能《あた》わず」**――「人は欲を持たずにはいられない」こと。問題は、その欲ゆえに悪事に走る傾向があることだとしています。

たしかに、悪事の元をたどれば、すべて欲望に行き着きます。

たとえば、お金が欲しくて泥棒する、自分の思い通りに事を運びたいと邪魔者を消す、楽して儲けたいと詐欺まがいのことをする、空腹を満たしたいと無銭飲食をする、周囲に良く見られたいと自分を虚飾する、自分に都合の悪いことを隠したいとウソをつく、といった具合。欲望に動機がない悪事はないと言っていいくらいです。

しかし、儒家は基本的に「性善説」に立っています。「人間はもともと天から賦与された善にしたがって生きている」という考えです。

そこで疑問が湧いてきます。

「善の塊である天ともあろうものが、なぜ善を乱すような欲を与えたのか」

宋学はそこを議論するわけです。一斎の見解はこうです。

欲《よく》は人身《じんしん》の生気《せいき》にして、膏脂《こうし》精液《せいえき》の蒸《じょう》ずる所《ところ》なり。此《こ》れ有《あ》りて生《い》き、此れ無《な》くして死《し》す。人身の欲気《よくき》四暢《しちょう》し九竅《きゅうきょう》毛孔《もうこう》に由《よ》りて漏出《ろうしゅつ》す。因《よ》りて軀殻《くかく》をして其《そ》の願《ねがい》を熾《さかん》ならしむ。悪《あく》に流《なが》るる所以《ゆえん》なり。

欲というのは「生きる力」であり、「欲がなくなれば、人間は死ぬ」と言うんですね。そりゃあ、そうです。食欲がなければ体力は衰える一方だし、生きる意欲がなければ何もせずにやがてあの世に行くしかなく、性欲がなければ子孫をつないでいくこともできませんからね。

一斎はさらに、こう言っています。

「肉体が脂や精液を漏出させるように、欲気もまた体内に広がって、人間の体にある九つの穴――両目・両耳・両鼻孔・口、それに生殖器である後陰・前陰から漏れ出る。それによって、体は欲を盛んにしている。だから、悪に流れやすいんだ」

つまり、欲望過多になると、悪に流れる。そう一斎は指摘しているのです。

ここから一斎は、目を聖人に転じます。

「聖人だって人間だ。欲はあったはずだ。常人と違うのは、欲を善いことに使ったことだろう」と考えたのです。そして、孟子と孔子と舜の言葉を引いています。

孟子は**「欲《ほっ》す可《べ》き、之《これ》を善《ぜん》と謂《い》う」**――「心の望むままにしたがうのは善である」と言った。これは意欲のことですね。たとえば、「お年寄りは階段を上るのがつらい。エスカレーターをつけてあげよう」というふうに、自分のためではなく世の中の役に立つことをしたい、いわば「公欲」です。

「私欲は小さく、公欲は大きく」と、キャッチフレーズのように覚えていただくのもいいでしょう。

また、孔子は**「心《こころ》の欲《ほっ》する所《ところ》に従《したが》う」**と言った。これも同じですね。

ちょっと補足すると、『論語』の「為政第二」に、「吾れ十有五にして学に志す」で始まる有名なフレーズがあるでしょう? その後段に**「六十《ろくじゅう》にして耳順《みみしたが》う。七十《ななじゅう》にして心《こころ》の欲《ほっ》する所《ところ》に従《したが》って、矩《のり》を踰《こ》えず」**とあります。

メッセージ的に言うと、

「六十歳にもなったら、人の言うことに素直に耳を傾けましょう。そうやって広い心を持てば、七十歳を迎えるころには、自分がこうしたい・ああしたいと思うままに自由に生きても、道理にはずれたり、人に迷惑をかけたりしないようになりますよ」ということです。欲をいいことに使える力量が年とともに備わっていくようでないと、人間としてどうかね、というわけです。

さらに、舜は**「予《よ》をして欲《ほっ》するに従《したが》い以《もっ》て治《おさ》めしめよ」**と言った。「心の望むままに、民を治めなさい」ということで、聖人が欲をいいことに使った好例です。

このように、聖人と呼ばれる人はみんな、欲の正体をつかんで、善用することに長じていた。一斎はそう主張しています。

みなさんも欲望が首をもたげてきたとき、自分に問いかけてみてください。「その欲は善なのか」と。繰り返すうちに、当たり前に「欲の善用」を実践できるようになるはずです。

55 欲望はアクセル、理性はブレーキ

『言志後録　一九』の最初に、**「心《こころ》を霊《れい》と為《な》す」**とあります。どういうことかと言うと、宋学の「人間は天気を受けて、心が怠けている」という考え方に基づき、「心は天と結ばれている」ということです。

だから、心は霊妙な働きをする非常に尊いものなのですが、理性は感情によって動きます。それが欲だと、一斎は定義しています。

「出世したい」「お金が欲しい」「異性にもてたい」「おいしいものを食べたい」など、欲は感情的な動きだということです。

そのうえで、「欲には、公欲と私欲の二つがある」としています。

両者の違いがどこにあるかというと、**「情識《じょうしき》の条理《じょうり》に通《つう》ずるを公《こう》と為《な》し、条理の情識に滞《とどこお》るを私《し》と為す」**――感情の動きが人間の原初的な生きるために必要な本能を含めた道理に通じているものが公欲で、感情のほうが強くて道理まで通じていかないのが私欲だと言います。

食欲を例に言えば、「生きるために食べなければ」と欲するのが公欲、「何が何でもおいしい上等な牛肉が食べたい」と思うのが私欲。私欲は感情優先のまま膨らみ、食欲本来の「生きるために食べる」という道理には至らないわけです。

そこで大事になってくるのが、感情を抑制して私欲だけが突っ走らないようにすることです。それが心の霊妙な働きなのです。

私はよく車にたとえて、「欲望はアクセルで、理性はブレーキ」と言っています。アクセルを踏んでスピードを上げていくと、心は興奮しますよね？　でも、踏みっ放しだとどうでしょうか。そんな危険なドライブ、誰も楽しめません。

それよりも、ときどきブレーキを踏んでスピードを落とし、窓外の風景でもゆっくりと楽しみながら走ったほうが、ドライブはずっと快適になります。

欲望も同じ。「あれがしたい、これが欲しい」と感情任せにせず、理性でブレーキをかけてこそ、快適に生きていけるのです。

アクセルとブレーキを上手にコントロールするところに、人生の醍醐味がある。そう思ってください。

56 〝無心〟が勝機を呼び込む

たとえば武道で名人と言われる人は、勝敗など意識の外にあるものです。
もちろん、試合の前は「こうやって相手を打ち負かそう」とか「この体勢に持ち込んで、あの技を繰り出そう」といった作戦を立てるし、日々技術・能力に磨きをかけています。でも、いざ試合となったら、そういった考えをポーンと捨て去って、無心になるのです。

「後は天の命ずるまま」

この境地に達すると、自分が意図しなくても、天が体を操ってくれます。結果、「知らないうちに、勝っていた」状況になります。

どんな分野でも同じこと。技術・能力が円熟してくると、自分自身がまるで天の操り人形になった感覚に陥ります。非常に気持ちがいい。これこそが「名人の域」というものです。

その際、才能のある・なしは関係ありません。そこにばかり意識がいっているうちは未熟というもので、その思考が逆に無心の邪魔になるのです。
『言志耋録　一九九』では、以上のようなことをこう表現しています。

藝能《げいのう》の熟《じゅく》するや、之《こ》れを動《うご》かすに天《てん》を以《もつ》てす。妙《みよう》は才不才《さいふさい》の外《ほか》に在《あ》り。

57 入念な準備と努力で〝運命〟が変わる

「立命」という言葉があります。人為的な考えや行ないを排除して、天命のままに事を成すことを意味します。ＮＨＫの大河ドラマでお馴染みの吉田松陰や新島襄、西郷隆盛、坂本龍馬などはみんな、立命を考えた人たちでしょう。

一方、「運命」とは巡り合わせ。どう転ぶか、わからないところがあります。

でも、安易に「これも運命か。しょうがないな」と甘んじて受け入れるようではいけません。とくに好ましくない状況に陥ったとき、「運命なんかにしてやられるもんか」と立ち上がる人間でありたい。それも立命あればこそです。

その辺のことが『言志録　二四五』で詳述されています。ちょっと長文なので、順番に少しずつ読んでいきましょう。

凡《およ》そ事《こと》を作《な》すには、当《まさ》に人《ひと》を尽《つ》くして天《てん》に聴《まか》すべし。

冒頭のこの一文は、ようするに「人事を尽くして天命を待つ」ということ。「自分にできる限りのことをして、後は野となれ、山となれ、天に任せなさい」という意味です。

では「人事を尽くす」とは、どういうことか。一番のポイントは「予」。あらゆる場面を想定して、入念に準備をすることです。

たとえば、人と会うとき、どういう人物かを事前に調べるくらいのことは当たり前。いまはネット検索という便利なツールがありますから、造作もないでしょう。「学ぶに敏《さとし》」と言って、学ぶ――言い換えれば下調べをしたり、必要な知識・情報を仕入れたりすることを億劫がってはダメです。

また、よく言う「根回し」も大切です。会議や打ち合わせなどの際には、あらかじめ出席する人たちに対して、自分が何を提案したいのかを簡単に説明し、意見をうかがうことはやっておいたほうがいいでしょう。

人事を尽くすにしても、できるだけ障害を取り除いておくに越したことはありません。準備不足のためにつまずいたら、それは人事を尽くしたことにならないのです。

また、どのくらいやったら「人事を尽くした」と言えるのかは難しいところ。ここはやはり、西郷南洲が「人を相手にせず、天を相手にせよ」と言っているように、天との会話が必要でしょう。

天はすべてをお見通しですから、ごまかしはききません。「自分は誠を尽くしただろうか?」と尋ねてみてください。

この一行に続けて一斎は、どういう人が成功するか・しないかを、タイプ別に述べています。

たとえば、いつも投げやりで、怠けていて、「人間の力には限界があるんだから、がんばってもしょうがない。すべて天の成り行きに任せるさ」と言っている人。こういう人は、何事も成功しない。

「天之《てんこ》れが魄《たましい》を奪《うば》いて然《しか》らしむ。畢竟亦数《ひつきようまたすう》なり」――天から魂を抜かれたようなもので、それもまた運命だろうとしています。

同じ「運を天に任せる」にしても、自分で何の努力もしないのでは話になりません。『古事記伝』という大著を著した江戸中期の国学者、本居宣長は「神にも良い神と悪い神がいて、いずれも人知を超えた凄まじい力を持っている」と言っていますが、天も同じでしょう。人間の生き方によっては鉄槌を振るうこともある。怠け者には奮起を促してやろうと、魂を抜くことさえする、ということです。

また、常日ごろから「敬慎勉励」、つまり人を敬う気持ちを持ち、勤勉で、「人としてやるべきことに力を尽くすが、運命は天の定めに待つ」と言っている人。こういう人は必ず成功する。

「天之《てんこ》れが衷《ちゅう》を誘《みちび》きて然《しか》らしむ。畢竟亦数《ひつきようまたすう》なり」——天がその人の真心をグーッと引き出して、うまくいくように導いてくれる。それもまた運命だろうとしています。

ふつうはここで終わるところですが、一斎はさらに二つのタイプをあげています。ひとつは、人事を尽くしても、成功しない人。こういう人は「やがて運が巡ってくれば、必ず成功する」としています。

ここは「努力すれば、すぐにうまくいくわけではない」ことを示唆しています。けれども、それは運気の巡り合わせが悪いだけ。いたずらに運命を呪うことなく、そのときが来るのを気長に待てばいいのです。

もうひとつは、何の努力もしていないのに、成功する人。こういう人は「たまたま運が良かっただけで、最終的には失敗する」としています。

これら四つのタイプを見てきて言えるのは、「ひたすら努力を続ければ、いつか運が味方をしてくれて、うまくいく」ということ。

とにかく〝努力癖〟をつけることが重要です。

そして、締めくくりの言葉がこれ。

要《よう》するに皆数《みなすう》なり。成敗《せいばい》の其《そ》の身《み》に於《おい》てせずして其の子孫《しそん》に於てする者有《ものあ》り、亦《また》数なり。

「ようするに人生がどう転ぼうと、運命である。ただし、成功・失敗が自分自身に現われないで、子孫に現われることもある。それもまた運命だよ」と言っているように、努力の結果は長いスパンで見ることも必要だ、ということを覚えておいてください。

58 すべての命は「天からの借り物」

あなたは死ぬのが怖いですか？

おそらく、ほとんどの人が「怖いですよ。当たり前でしょ」と答えるでしょう。けれども、人間を含めて生きとし生けるものはすべて、死にます。死なない命なんてありません。

『言志晩録　二八五』で「**生**《せい》**は是**《こ》**れ死**《し》**の始**《はじ》**め、死は是れ生の終**《おわ》**り。生**《しょう》**ぜざれば則**《すなわ》**ち死せず。死せざれば則ち生ぜず**」とあるように、生まれなければ死ぬはずはなく、死にたくなければ生まれるのをやめるしかない。

でも、生まれてしまった以上は死ぬしかないのだから、死を怖がってもしょうがない。そこをまず、しっかりと理解してください。

ただ、それは肉体の話。魂は不朽・不滅です。ちょっと安心しましたか？

ここがわかるだけで、生死を超越した人生観を持つことができます。『言志後録　二七』に書かれている、一斎の死生観を見ていきましょう。

天地《てんち》未《いま》だ曾《かつ》て死《し》生《せい》有《あ》らずば、則《すなわ》ち人物《じんぶつ》何《なん》ぞ曾《かつ》て死生有らんや。死生、栄枯《えいこ》は只《た》だ是《こ》れ一気《いっき》の消息盈虚《しょうそくえいきょ》なり。此《こ》れを知《し》れば則ち昼夜《ちゅうや》の道《みち》に通《つう》じて知る。

この前段に「人間は肉体を地から、性命を天からもらっている」とあります。「生命」ではなく「性命」。命と天性から成るこの「性命」という考え方は、儒家特有のものです。日本では伝統的に命と並んで、天が個々の存在に対して二つとして同じものはない性質として授けた天性を大事にしてきました。

この性命はいわば天からの借り物です。死んだら天にお返ししなければならない。そのときに汚れていたら、どうでしょう？　天に対して恥ずかしいですね。だから、生きるということは、性命をきれいに磨くことでもあるのです。

そんなことは子どもでも理解できます。私は小学校を回って「命の教育」というものをやっていて、子どもたちとたとえばこんな会話をします。

「ねぇ、一番前に座っている君、いま持っているもののなかで一番大切なものは何？」

と帰るふりをします）

「筆箱です」

「それ、先生にちょっと貸して」

（渋々ながらも、子どもは筆箱を差し出してくれます。それを私は懐に入れて、わざと帰るふりをします）

「先生、ちょっと待って。返してよ、筆箱」

「えっ？　いま、君は返してくれって言ったよね。もし、先生が『捨てちゃったよ』って言ったら、どう思う？」

「すごい腹が立ちます」

「そうでしょう？　借りたものを勝手に捨てちゃあいけないよね。命もね、天から借りているものだから、自分で捨てちゃダメなんだ。わかった？」

そこを「命を知る第一歩」にして、「どうやって返せばいいと思う？」「命をきれいにするって、どういうこと？」などと問いを重ねて、話し合うわけです。

近ごろは「性命《せいめい》」という言葉自体が〝死語〟のようになっていますが、それを復活させて「天性教育」をしなければいけない、というのが私の考えです。

前置きが長くなりました。一斎が先の言葉で言っているのは、「天地には死も生もないのだから、人間にも物にも生死のあるはずがない。死生にしろ、栄枯にしろ、天からの借り物である存在の営みであって、天という根本は何も変わらない」ということです。ここは「肉体は死んでも、魂は死なない」と理解してもらっていい。

これを陽明学では「昼夜の道」と説いています。「昼が終われば、夜が来る。夜が終われば、昼が来る」ように、人間の存在の根本たる魂は滅びることなく、生死を繰り返すんだ、という考え方です。

そういう生命論ですから、人が死んだら、また帰って来るときの目印として、お骨を残しておく。それが、儒家方式の弔いなのです。

よく「お葬式を仏教式で執り行なう」と言われますが、本当はそれは間違い。仏教では、亡くなった人の魂はあの世に留まるとされ、この世に戻って来ないように考えてあげるのが弔いの最大のポイントです。全部燃やして、灰を川に流すのです。インドのベナレスというところに行ってごらんなさい。至るところで、そういう弔いをやっています。

それにつけ、日本というのはすごいものですね。お葬式は儒家方式で行ない、それを仏教と融合させてしまうのですから。余談ですが、知っておくといいでしょう。

59 人には「帰る場所」がある

「人間は死んだらどうなるんだろう?」

誰もが幾度となく考えたことのある問題でしょう。『言志晩録　二八七』には、こうあります。

死《し》の後《のち》を知《し》らんと欲《ほっ》せば、当《まさ》に生《せい》の前《まえ》を観《み》るべし。昼夜《ちゅうや》は死生《しせい》なり。醒睡《せいすい》も死生なり。呼吸《こきゅう》も死生なり。

「死後のことを知りたいのなら、生まれる前を見ればいい」と言うんですね。

「生まれる前の世界」など知る由もありませんが、何となく希望を感じませんか?

だって、死後の世界に行くと、そこは生まれる前の世界で、また生の世界に戻ることができるわけですから。

さらに一斎は、「たとえるなら、昼と夜のようなもので、目が覚めているときが生の世界にいて、寝ているときが死の世界にいるんだよ。呼吸だって、出る息が生なら、吸う息は死なんだ」と言っています。非常にシンプルです。

ついでながら老荘思想では、宇宙の、万物の根源を「道」と呼び、生きとし生けるものはみんな、この「道」から生まれ、最後にはまた「道」に帰るとされています。それが**「出《い》でて生《い》き入《い》りて死《し》す」**（『老子』「貴生第五十」）——。

つまり、「道」というのは故郷のお母さんのようなもの。「じゃあ、お母さん、行ってくるね」と、まるで旅に出るようにして現世に生まれ、死ぬと「お母さん、ただいま」と帰る。そんな感じです。

こういう死生観を持つと、旅に出ている、言い換えれば生きている間にいろんな経験をして、たくさんの〝土産話〟を携えて帰って行きたいと思えます。生きる意欲が湧いてくるというものです。

6章

人間の器を大きくする

——決め手は「胆力」、そして「覚悟」

60 仕事は一生と覚悟を決めろ

『言志後録　二』の冒頭でいきなり、一斎は非常に厳しいことを言っています。

此《こ》の学《がく》は吾《ご》人一生《じんいつしょう》の負担《ふたん》なり。当《まさ》に斃《たお》れて後已《のちや》むべし。

「いまやっている仕事は一生を賭して背負っていくもの。そう覚悟を決めて、倒れて死ぬまで努力を続けなければいけないよ」というのです。

そこまでの気構えを持たず、ついいい加減な仕事をしてしまいがちな身としては、弱い心に刃を突き立てられたように感じるかもしれません。胸を押さえながら、「きついなぁ。容赦ないなぁ」とうめく声が聞こえてきそうです。

けれども、この言葉の裏には、一斎の愛情があります。

「生半可な気持ちで仕事をやっていたら、傷つくのは自分自身だよ。いつまで経っても自分を向上させることができず、二流、三流のまま一生を終えることになるよ。そんな人生は苦しいじゃないか。不愉快じゃないか」

そう、一斎は諭しているのです。

逆に言えば、「一流になれば、愉快な人生を送れる」ということ。どんな道に進もうと、いまの仕事と真摯に向き合い、一流を目指して倒れるくらいまで努力を続けることで、愉快な人生が開けてくるのです。

61 「恥を知る」——これが自己向上の出発点

日本人は「恥」を意識して行動する、とよく言われています。でも最近は、その「恥」の価値がどんどん下がってきているように思います。

「恥なんか、いくらかいてもいいじゃないか。外聞を気にしたって、しょうがないよ」

それも一理ありますが、こういう考えは「自分がよければいい」という自己中心的な人物をつくる恐れがあります。

それに、何も「恥をかくようなことをしてはいけない」と言いたいのではありません。「恥を知れ」と言いたいのです。

一斎が『言志後録　二三』で引用している孟子の言葉は、そのことを明確に示しています。

「恥無《はじな》きを之《こ》れ恥《は》ずれば、恥無し」――「恥ずべきことを恥じないことを恥としなければいけない」と言っているのです。

では、「恥」とは何でしょう?

ひとつは、「敬う」という気持ちから生じるものです。立派な人物を見て、あるいは会って、「ああ、すごい人だな」と尊敬の念を覚え、その瞬間にわが身を振り返り、「自分はまだまだだな。恥ずかしいよ」と思う。それが「恥を知る」ということです。

そうやって恥を知ることで、「もっとがんばらなければ」という向上心が生まれる。そこが重要なのです。志に向かって刻苦勉励し、人格をぐんと高めることができるからです。

『言志後録　二三』に、**「立志《りつし》の工夫《くふう》は、須《すべか》らく羞悪念頭《しゅうおねんとう》より、跟脚《こんきゃく》を起《おこ》すべし」**とあるように、自分で「こういうところは恥ずかしいな」と思うところがあったら、そこが志を立てる出発点になるのです。

また、志は立てることよりも、継続させることのほうが難しいものです。その意味では、どんなに向上しようとも、なお恥を忘れない、その気持ちが志の継続を支えている、という見方もあります。

「恥」にはもうひとつ、自分のなかのもうひとりの自分に戒められるものがあります。みなさんも経験があるでしょう？　たとえば、ウソをついたり、つい怠けてしまったり、人を傷つけたり、人間として恥ずかしいことをしてしまったりしたとき、もうひとりの自分の声が聞こえてくるようなことが。

「あんなことをして、恥ずかしいと思わないのか」

そういう声をきちんと受け止め、恥を知ることもまた大切です。

「自分で自分が許せないことはもうしない」という思いにつながり、人格が高められるはずです。

一斎は『言志録　七』でこう言っています。


立志《りつし》の功《こう》は、恥《はじ》を知《し》るを以《もつ》て要《よう》と為《な》す。

62 人生を「明るく照らすもの」を持つ

一燈《いっとう》を提《さ》げて暗夜《あんや》を行《ゆ》く。暗夜を憂《うれ》うること勿《なか》れ。只《た》だ一燈を頼《たの》め。

これは『言志晩録　一三』にある有名な言葉です。

街灯はもちろんのこと、月灯りさえない真っ暗闇を歩くなんて、鬼が出るか、蛇が出るか、想像しただけで怖いですよね？　でも、足元を照らす提灯のひとつもあれば、それを頼みにしっかりと歩いていけます。

人生も同じで、「一寸先は闇」というような状況にあっても、頼みにする灯りさえあれば、何も心配することはない。そう一斎は言っています。

では、「一燈」とは何でしょう。定義的に言えば、自分自身を唯一無二の存在たらしめている何か、これさえあれば自分は生きられるという何か。あるいは、これだけは誰にも負けない、ライバルは自分だけだと思える何か。

その「何か」は人によって違うし、持とうと思ってすぐに持てるものでもありません。

大事なのは、その「何か」がこれから生きていく道を明るく照らすものになるまで、一心に磨きあげること。何も「私の一燈はこれなんですよ」などと周囲に言う必要はなく、ひとりで黙々と努力するのみです。

私の場合も二十五歳から、人知れず一心に中国古典を学び、五十歳くらいになってようやくそれが人生で頼みとする一燈になったような気がします。

専門分野の知識や技術に限らず、笑顔でもやさしさでも何でもいい。あなたの一燈を見出し、磨きをかけてください。

63 すべては「立派な人物になる」ために

「高校時代にがんばった甲斐あって、第一志望の大学に合格しました」

「それはよかったね。何を学ぶの？」

「経済学を修めようかと」

「そう。どうして経済学なの？　目標は何？」

「そりゃあ、就職に有利だからです。一流企業に勤めたいですからね」

これじゃあ、ダメ。『言志耋録　一四』にある、

凡《およ》そ学《がく》を為《な》すの初《はじめ》は、必《かなら》ず大人《たいじん》たらんと欲《ほっ》するの志《こころざし》を立《た》てて、然《しか》る後《のち》に、書《しょ》は読《よ》む可《べ》きなり。


という考え方からすると、お話になりません。

いい会社に勤めたいと思うこと自体は、別に悪くはありません。それが学問の目的化しているところが本筋からはずれているのです。なぜなら、就職試験に受かるための勉強になってしまうからです。

それで成績が悪ければ、「どうしよう、このままだと就職に失敗してしまう」という恐れが生じます。

逆に成績が良くても、「この分だと、楽勝だな」と驕る気持ちが出てきます。

さらに言えば、「エリート街道を突っ走るためなら、手段を選ばない」とばかりに、

知識を弄して悪事を働くことにもなりかねません。

一斎が**「徒《いたず》らに聞見《ぶんけん》を貪《むさぼ》るのみならば、則《すなわ》ち或《あるい》は恐《おそ》る、傲《おご》りを長《ちょう》じ非《ひ》を飾《かざ》らんことを。謂《い》わゆる『寇《こう》に兵《へい》を仮《か》し、盗《とう》に糧《かて》を資《し》するなり』虞《うれ》う可《べ》し」**と言っているのはそういうこと。

立派な人物を育てるはずの学問が人間を堕落させる方向に働いてしまう。それでは「敵に兵をあげて、強盗にお金をあげる」のと同じだと言うのです。

分岐点は、学ぶときに「必ずや大人物になるぞ！　立派な人間になるぞ！」という志を立てるか否か。この志があって初めて、学問がすばらしい実りを得るのです。

64　自分にウソをつかない人にはスキがない

気《き》盛《さかん》なる者《もの》は、外《がい》邪《じゃ》襲《おそ》うこと能《あた》わず。

『言志晩録　二一一』の最後にあるこの言葉を読むと、山岡鉄舟を思い出します。

幕末のころの幕臣であった鉄舟、通称鉄太郎は、非常に血気盛んな人物でした。江戸無血開城を決した勝海舟と西郷隆盛の会談に先立ち、単身で西郷と面会しお膳立てをしたことで知られています。無血開城の本当の立役者と言っていいでしょう。

そのエピソードがすごいのです。それは、官軍の先鋒が多摩川にかかる六郷橋に控えて、まさに江戸城に向かおうとしていたときのこと。東海道の両側にはびっしり、官軍がひしめいていました。

みんな、「早く錦の旗を翻して江戸に入りたい」と気持ちははやるばかり。そのときです、「待て」の号令がかかったのは。そして、現われたのが山岡鉄舟。

「朝敵徳川慶喜家来、山岡鉄太郎、まかり通る！」

そう叫ぶや、並み居る官軍の間を一直線に進み、なんと西郷のいる静岡まで堂々と歩いて行ったのです。

よく殺されずにすんだなと思いますよね？　誰も襲いかかれない、手すら出せない、そのくらいの迫力が鉄舟にあった、ということです。冒頭の言葉はそういう意味。一斎は「たとえば毛穴から生気が噴出しているような」という表現を使っています。なかなかわかりやすいですね。

それにしても、どうしてそこまで威風堂々としていられるのでしょうか。一斎はこう言っています。

自《みずか》ら欺《あざむ》かざる者《もの》は人《ひと》欺く能《あた》わず。自ら欺かざるは誠《まこと》なり。欺く能わざるは間無《かんな》ければなり。

「自分に厳しく、自分にウソをつかない」からだと。そういう人はまた誠実で、心にスキがないんです。スキがないと、どうですか？　よからぬ人が「だましてやれ」と近づいてきませんね。

世の中のたいていの人は「自分に甘く、他人に厳しい」ものです。「ちょっとぐらい怠けてもいいだろう」「ちょっとぐらいルールを曲げてもいいだろう」「ちょっとぐらいウソをついてもいいだろう」といった具合に、「ちょっと、ちょっと」と言いながら、いつの間にか何事に対しても誠実さを欠くことになってしまいます。

当然、脇が甘くなって、スキだらけ。悪いものに入り込む余地を与えてしまう。それは、自分で自分を裏切っているのと同じことです。

自分に対して厳しくあることは難しいかもしれませんが、自分を甘やかしたら後でもっと大変なことになる。それを忘れてはいけません。

65 先延ばし癖は、人生を空虚にする

世《よ》を渉《わた》るの道《みち》は、得失《とくしつ》の二字《にじ》に在《あ》り。得可《うべ》からざるを得ること勿《なか》れ。失《うしな》う可からざるを失うこと勿れ。此《か》くの如《ごと》きのみ。


『言志耋録　一二四』にあるこの言葉は、冒頭から深い。

まず注目したいのは「渉る」の文字。「何だ、世渡りのことか」なんて、スルッと目を通してはいけません。「歩」の字のついた「渉」という字に、一斎は、「人生は一歩、一歩を大切に歩いていくことだよ」

という思いを込めているのです。

だから、二、三段飛ばしで、ポンポン階段を上っていくようではダメ。何か大事な

ことを端折《はしょ》ることになるので、結果的につまずいたり、転落したりする可能性の高い、非常に危ない人生になってしまいます。

そうではなく、いまの一時一時を大切にする。目の前にやらなければならないことがあるのに、「それは明日にするよ」とか「あそこに行ってから考えるよ」というように、先延ばしすることはとにかく好ましくありません。

「明日」も「あそこ」も「いま」ではありませんから、そんなことをしていると、いまが仮の人生になってしまいます。

さて、「得失」の二字。まず、「得てはいけないものを得てはいけない」と言っています。「得てはいけないもの」とは何なのか。

これは「虚」のつく言葉をイメージするとわかりやすいでしょう。虚偽、虚飾、虚言、虚礼、虚名、虚勢、虚栄……。列挙してみれば、実体もしくは中身のないことを表わす言葉がズラリ。そんなものを得ても、それこそ「虚しい」だけです。

次に、「失ってはいけないものを失ってはいけない」とあります。言い換えれば「得るべきものを得なさい」ということです。それは何なのか。

究極的には「義」であり、「徳」。人として正しい道を踏むことです。それを失わないよう、「疚《やま》しいことはしない」と心に決めることが大切です。

たとえば、江戸時代の子どもたちは六歳になると『大学』という書物を読みました。その冒頭に、**「大学《だいがく》の道《みち》は、明徳《めいとく》を明《あき》らかにするに在《あ》り」**とあります。

これは、自己の最善を他者に尽くして、相手から、

「よくしていただき、ありがとうございます」

と言っていただく、そういう「感謝の人間関係」を築くことの大切さを説いた言葉です。

かの松下幸之助さんも言っていました。

「会社にとって利益を存続させることは重要だよ。でも、そればかり考えていると、心が貧しくなる。会社というのは、感謝の人間関係をつくるためにあるんだよ」と。

子どものときに学んだこの「明徳」を、絶対に失ってはいけない。だから、子どもたちに日々繰り返し、「明徳だよ、明徳だよ」と言って聞かせたわけです。

ですから、ここは得なければいけないのは「感謝の人間関係」であり、捨てるべきは「外面を飾るものを欲張って得ようとする心」だととらえていただいていいでしょう。世渡りの特質は、このひとことに極まれり、ですね。

66 「胸次虚明」が頭の働きを良くする

胸次虚明《きようじきよめい》なれば、感応神速《かんおうしんそく》なり。

『言志晩録　五』のこの言葉は、立派な人物をズバッと言い表わしています。短いので、ぜひ覚えてください。

「胸次虚明」とは、心のなかがからっぽで、透き通っていること。決して頭がからっぽという意味ではないので、お間違いなく。

後、中身がないことを意味する「虚」は、ふつうあまりいい意味で使われませんが、この場合の「虚」は別。「虚心坦懐」という言葉があるように、心のなかに何のわだかまりもない、よけいな感情もない、非常に安定した清々しい状態を表わしています。

そんなふうに心が虚だと、何かを見たり、感じたりしたときに、その印象を邪魔するものがありませんから、感性が鋭敏になります。

すると、たとえばビジネスにおいても、ふっとすばらしいアイデアが浮かんだり、問題点がたちどころに見えて迅速に対応したりすることができるようになるのです。「胸次虚明」であって初めて、頭が働くというもの。心のなかに私利私欲や邪なことなどが渦巻いていると、頭の働きが鈍ってしまうのです。

67 バランスのとれた性格をつくる

性格は人それぞれ。違っていて当たり前だし、その違いが個性でもあります。けれども、理想を言えば、バランスがとれているのがいい。たとえば、優柔不断だけどいざというときはスパッと決めるとか、やさしいけれど厳しい一面もある、のろまだけどここぞのときは俊敏に動く、じっとしていられないタチだけれど肝心なことには腰を据えて取り組む、といった具合に、対極にある性格を両方持っているのが望ましいでしょう。

場面に応じて、持てる力を柔軟に発揮できるからです。

その意味では、自分の性格に欠けているものは何なのかをよく見極めて、それに応じて心を修養するのが望ましい。自ずとバランスが良くなります。一斎は『言志晩録　八』で、性格を大きく「動」と「静」に分けて、修養法を伝授しています。

人《ひと》と為《な》り沈静《ちんせい》なる者《もの》は、工夫尤《くふうもっと》も宜《よろ》しく事上《じじょう》の練磨《れんま》を勉《つと》むべし。

もの静かな性格の人は、実際に事に当たって鍛練したほうがいい。一斎はそうアドバイスしています。

それでなくても内向的な性格なのに、「さぁ、心の修養だ。本を読んで勉強しよう」とばかりに家にこもりがちになると、心がどんどん内向きになってしまいますから。

逆に、明るく外交的で、落ち着きのない性格の人はどうすればよいでしょうか。

恢豁《かいかつ》なる者《もの》は、則《すなわ》ち工夫宜《くふうよろ》しく静坐修養《せいざしゅうよう》を忘《わす》れざるべし。

「坐禅でもしたらどうですか」と、一斎は言っています。

私も同感。一日の終わりに三分でも五分でもいいから、壁に向かって座り、今日一日を振り返りながら内省、深く自己を省みることをおすすめします。

坐禅は性格に関係なく、みなさんにやっていただきたいことなのですが、とくに落ち着きのない人には心が落ち着くいい方法だと思います。私も励行しています。

こういった修養は、病気に応じて効く薬を服用する医療行為と同じです。ようするに、

沈潜《ちんせん》なるは剛《ごう》もて克《おさ》め、高明《こうめい》なるは柔《じゅう》もて克むるなり。

柔には剛、剛には柔、というふうにして、欠点を直していけばいい、としています。

ここで一斎が言いたいのは、「陰陽のバランスを考えなさい」ということです。

中国古典思想には「陰陽和して元となす」という考え方があります。内へ内へと入ってくる働き、受動的な性質を「陰」、逆に外へ外へと拡大していく働き、能動的な性質を「陽」と分類しています。

前に述べた欲望と理性もそうですが、陽と陰のバランスがとれた状態が最上とされ

ています。だから、いまの自分が陽なのか陰なのかをよく見て、陽のときは陰、陰のときは陽と、陰陽のバランスをとって心を修養するのが一番いいのです。

68 大物を〝仮想ライバル〟に

西郷南洲は流罪になって沖永良部島に行ったとき、全部で千百三十三に上る一斎の語録『言志四録』を携えたといいます。後年、西郷はそこから百一箇条を選んで『手抄言志録』を著しました。

そのなかで真っ先に取り上げられているのが、『言志録　五』にあるこの言葉です。

憤《ふん》の一字《いちじ》は、是《こ》れ進学《しんがく》の機関《きかん》なり。舜何人《しゅんなんぴと》ぞや、予何人《われなんぴと》ぞやとは、方《まさ》に是れ憤なり。

ここは簡潔明瞭。「とにかく発憤《はっぷん》しろ。発憤こそが自己を向上させる最上のガソリンになるんだ」ということです。

その発憤について、一斎は孔子の一番弟子・顔回《がんかい》を例にあげています。顔回は「舜が何だ。舜以上の人物になってやろうじゃないか」とひそかに目指した、それこそが発憤だとしています。

前に少し触れたように、『論語』にも孔子が自分の人となりを「**発憤《はつぷん》して食《しょく》を忘《わす》れ、楽《たの》しみて以《もつ》て憂《うれ》いを忘れ、老《お》いの将《まさ》に至《いた》らんとするを知《し》らず**」（「述而第七」）と表現する場面があります。つまり、孔子は「発憤して食事をするのも忘れるくらい学び続け、しかもそれが楽しくて年をとっていることにも気づかない」ような人物なのです。

発憤はそのくらい重要だということです。顔回が、儒家から堯と並んで崇められる名君、舜の名をあげたことに倣って、みなさんもこんなふうに言ってはどうでしょう。

「山中伸弥博士が何だ！」

「錦織圭が何だ！」

「イチローが何だ！」

というふうに。とんでもない大物を〝仮想ライバル〟にすることで、発憤の度合いがより大きくなるのではないかと思います。

私の経験では、一番効果的な〝発憤チャンス〟は同世代のすごい人に会うこと。とてもいい刺激剤になるはずです。

発憤の逆は、自分で自分に見切りをつけること。『論語』に、いい場面があります。「自分には能力がないから、先生のおっしゃる通りにはできません」と言った弟子に、孔子はこう言い放つのです。「今女《いまなんじ》は画《かぎ》れり」と。

いまの自分にできないのなら、それを発憤材料にすればいい。「私なんて、とてもとても」と怖気づくなど、「私、自分を見捨てます」と宣言しているのと同じことです。

もっと言えば、ライバルはいま生きている人だけではありません。「それも大きな志ではあるけれど、まだまだ小さいね」と一斎は言っています。どういうことか。

いま、地球の人口は七十億に達したとされています。すごい人数であることはたしかですが、「数えられる程度の数」という見方もできます。

有史以来の人口を考えたら、どうでしょう？　その何万倍、何百万倍、何千万倍……数えきれないくらいたくさんの人たちが生きてきました。

つまり、その時代時代で聖人・賢人・英雄・豪傑の名を欲しいままにした一流の人物がうじゃうじゃいるのです。

そう考えると、たとえ自分がいま生きている人のなかで一番あるいは一流であったとしても、あの世に行ったら有象無象の〝埋もれた存在〟でしかないではありませんか。そのことを『言志録　一一八』では鋭く指摘しています。

世間《せけん》には生民《せいみん》衆《おお》しと雖《いえど》も、而《しか》も数《すう》に限《かぎ》り有《あ》り。茲《こ》の事《こと》恐《おそ》らくは済《な》し難《がた》きに非《あら》ざらむ。前古《ぜんこ》已《すで》に死《し》せし人《ひと》の如《ごと》きは、則《すなわ》ち今《いま》に幾万倍《いくまんばい》せり。其《そ》の中《うち》聖人《せいじん》、賢人《けんじん》、英雄《えいゆう》、豪傑《ごうけつ》、数《かぞ》うるに勝《た》うべからず。我《わ》れ今日《こんにち》未《いま》だ死せざれば、則《すなわ》ち稍《やや》出頭《しゅっとう》の人に似《に》たれども、而《しか》も明日《みょうにち》即《も》し死になば、輒《すなわ》ち忽《たちま》ちに古人《こじん》の籙中《ろくちゅう》に入《はい》らむ。

たとえば「君は会社で一番の出世頭だよ」とか「君ほどいまの日本に必要な人物はいないよ」「君は不世出の天才だ」などとチヤホヤされている人でも、それは生きている人間の間での評判に過ぎない。
「もし、明日鬼籍に入れば〝ただの人〟。昔の偉人に比べれば、恥ずかしい限りで、比べものにならない」と言うのです。
こういう視点はなかなか持てるものではありません。

でも、私たちはいま気づいたはずです、「そうか、いまの世で一流になって満足しているうちは、志もケチなものと言わざるをえないな。あの世で恥ずかしい思いをするだけだ。ライバルを昔の偉人にまで求めて、もっとスケールの大きな志を持ったほうがいい」ということに。

みなさんも今日から〝ライバル観〟を考え直してみてはどうでしょう。昔々亡くなった大物をライバルとするのも、なかなか気持ちのいいものです。

この項目の最後の一文——**「志《こころざし》有《あ》る者《もの》は、要《よう》は当《まさ》に古《こ》今第一等《こんだいいっとう》の人物《じんぶつ》を以《もっ》て自《みずか》ら期《き》すべし」**を、しかと胸に留めておきましょう。

69 「理想」ではなく「実行」が人間的魅力を磨く

「理想の人物はどんな人ですか？」と問われたとき、あなたはどう答えるでしょうか。

私だったら、こう答えます。

「自分が何か指示をしたり、頼みごとをしたりしたときに、みんなが無条件でそれを受け入れ、真心を尽くしてがんばってくれる。そういう人物になりたい」と。

こうなったら、もう神様のようなものですね。「なれっこない」と思いますか？

たしかに、すぐにはムリでしょう。でも、これをゴールに掲げて三十年、四十年、五十年と生きていけば、少しずつ近づいていくことはできます。

「理想の人物になろう」と思うことよりも、その方向に向かって人生を歩んでいるかどうかが、とても重要なのです。

人間の魅力というのは、ゴールに到達したから光るものではなく、ゴールに向けて一生懸命励んでいるからこそ光るものだと、私は思います。

一斎は『言志後録　七』で、理想の人物をこう表現しています。


聖人《せいじん》は、清明躬《せいめいみ》に在《あ》りて気志《きし》神《かみ》の如《ごと》し。

「心が清らかで、その無言のメッセージが神の言葉のように思える人物」だと。かなりハードルが高いと思いますが、ここを目指して生きていきましょう。

70 美徳も過ぎれば台無しになる

『論語』に「過ぎたるは猶及ばざるが如し」という言葉があります。あまりにも有名で、聞いたことがない人はいないくらいでしょう。

「過ぎてはいけない」のは、すべての事柄に共通します。一般的には美徳とされるものさえも、過ぎれば及ばないわけです。

そのことを示した一斎の言葉を読む前に、ここでちょっと儒家の思想で言われる五常――「仁義礼智信」について触れておきましょう。立派な人物といえばこの五常に富んでいる人とされています。

まず「仁」、思いやりの心です。

社会は自分と他者とで構成されていますね？　自分はひとりだけ、後は全部他者です。そうすると、どうですか？　自己中心になったとたんに、孤立してしまいますよね。だから、社会生活を営んでいくうえで、他者に対する思いやりを持つことは、非常に重要なのです。

次に「義」、他者のために己の最善を尽くし切る心です。

「義」という字は「美」からできていて、下に「我」と書きます。つまり「美しい我」。「あなたが一番美しいのは、命がけで他者のために働いているときですよ」という意味を含んでいます。

また「犠牲」の「犠」の字に「義」があることからわかるように、犠牲的精神を表わしています。自分のことは二の次にして、他者のために力を尽くす心があるのです。

三つ目は「礼」、秩序を大切にする心です。

これは逆を考えると、よくわかります。非礼・無礼を働く人がいたら、秩序はたちまち乱れてしまいます。

四つ目は「智」、知恵のことです。

悪知恵を巡らすことではありませんよ。事の是非・善悪をわきまえて、優れた人間性を発揮することを意味します。

そして五つ目は「信」、信頼されるに足る心です。

仁義礼智を備えている人は、決して自己中心的ではなく思いやりがあって、他者のために尽くします。社会の秩序を大切にします。見識もあります。だから、人々から信頼される、ということです。

これら五常のうち、仁義礼智を孟子は「四端」とし、別の言葉で表現しています。惻隠《そくいん》の心、羞悪《しゅうお》の心、辞譲《じじょう》の心、是非《ぜひ》の心の四つ。「仁義礼智の道に進む糸口」という意味から「端」という言葉が使われています。孟子は人間には生まれながらにして四端が備わっているとし、性善説を立てたのです。

さて、本題。一斎が『言志録　二二五』で論じているのは、この四端が過ぎればどうなるか、ということです。詳しく見ていきましょう。

惻隠《そくいん》の心《こころ》も偏《へん》すれば、民或《たみあるい》は愛《あい》に溺《おぼ》れて身《み》を殞《おと》す者有《ものあ》り。

「惻隠の心」は、母性から受ける「慈愛」から生じています。お母さんがわが子を無条件に愛しいと思う、そういう主観的な愛情です。これが過ぎると、逆にその愛に溺れて、身を滅ぼすことになりかねない。そう一斎は指摘しています。

これは、私たちにもよくわかる実感ではないでしょうか。わが子かわいいと過保護になれば、いつまでも子離れができずに苦しむし、子どもだって親離れできずに、なかなか一人前の大人になれません。
母子だけではなく、組織でも男女間でも、人間関係はすべからく同じ。偏愛がもたらす弊害は大きいのです。

羞悪《しゅうお》の心《こころ》も偏《へん》すれば、民或《たみあるい》は自《みずか》ら溝瀆《こうどく》に経《くび》るる者有《ものあ》り。

「羞悪の心」は、父性から受ける「義愛」に根差しています。悪いことをしたら、それを恥と思う。これ自体は立派な心がけですが、過ぎたらどうなるか。
一斎はすごい表現をしています。「どぶ川で首をくくることになる」と言うのです。いまの世にもいますね。自分の不善を恥じて、「俺なんか、生きている意味がない」とまで思い詰め、最悪の場合は自殺してしまうような人が。
そこまで恥じることはありません。恥をバネに、いくらでもやり直せるのですから。

辞譲《じじょう》の心《こころ》も偏《へん》すれば、民或《たみあるい》は奔亡《ほんぼう》して風狂《ふうきょう》する者有《ものあ》り。

「辞譲の心」は「礼」から発するもの。引くときは引き、譲るときは譲るというふうに、人と無闇に争わないことを意味します。

たとえば火事が起きたとき、みんなが我先にとひとつの出口に殺到したら、大変なことになります。辞譲の心で互いに譲り合えば、より早く全員が脱出することができるでしょう。大切な精神です。

ただ、過ぎれば「自分の行き場所を求めてさすらい、気がおかしくなるかもしれない」と言うんです。

いまは「自分の居場所がない」と悩む人が多いようです。自分が譲ったことが原因ではないにせよ、そういう人には自分から「仲間に入れてよ」とか「それは私がやります」などと言えずに、引いてしまってばかりいるところが少なからずあるのではないでしょうか。


是非《ぜひ》の心《こころ》も偏《へん》すれば、民或《たみある》いは兄弟牆《けいていかき》に鬩《せめ》ぎ、父子《ふし》相訴《あいうった》うる者有《ものあ》り。

「是非の心」は「智」から生じる、人間として正しいか、正しくないかを判断する感情です。これができなくて困ったことを引き起こす人も少なくないのですが、やはり過ぎれば悲劇を生みます。

一斎は「兄弟や父子がケンカをする場合もある」と言っています。

「お前がやっていることは人間としておかしいよ」「そう言う兄さんはどうなんだ。父さんだって間違ってるよ」みたいな形で、互いに非難し合うことがよくありますね？　とくに親しい間柄ですと、遠慮がない分こういう言い争いが起きやすいのです。正義感とか正論を振りかざすと、人間関係にヒビが入ることが多いのもまた事実。

何か主張する場合も、「自分も人のことを言えた義理ではないけど、こうしたほうがいいんじゃないの？」とか「自分はこうするべきだと思うけど、どうかな？」といった具合に、ちょっと表現を柔らかくするといいでしょう。

これら「四端」が備わっていない人は、孟子に言わせれば「人間じゃない」というくらい大事な資質ですが、過ぎれば毒。**「四端《したん》と雖《いえど》も、遂《つい》に不善《ふぜん》に陥《おちい》る」**のです。

そうならないように、**「学《まな》んで以《もっ》て中和《ちゅうわ》を致《いた》し、過不及《かふきゅうな》無きに帰《き》す」**――よく学んで、バランスを整える必要があります。これを「復性の学」と言います。「人間に本来備わっている四端を取り戻すために学ぶ」ことを意味します。

ところで、「中和」とは何でしょうか。一般的には、両極にある性質を薄めて、ほどよく調和させることを意味しますが、ここは「中」と「和」と別々にとらえたほうがいいでしょう。

「中」は「中庸」、過大と過小の真ん中辺り。「和」は「なごむ」の意で、「みんなの心にスーッと染み入っていくような言い方をしようね」ということです。

ともあれ、せっかくの美徳も過ぎると台無しになってしまいます。「中和」を心がけるようにしましょう。

71 地位と徳は〝相乗関係〟であれ

世の中には、「地位が高い」とされる人がたくさんいます。でも残念ながら、地位の高さだけで人物を推しはかることはできないのが実情です。

『言志録 九』に**「君子《くんし》とは有徳《ゆうとく》の称《しょう》なり。其《そ》の徳有《あ》れば、則《すなわ》ち其の位《くらい》有り。徳の高《こう》下《げ》を視《み》て、位の崇卑《すうひ》を為《な》す」**とあるように、地位の高い人は本来、徳の高い人であるべきなのに、そうはなっていないからです。

これは一斎の時代からそうだったようで、これに続くくだりにこうあります。

叔世《しゅくせ》に及《およ》んで其《そ》の徳無《とくな》くして、其の位《くらい》に居《お》る者有《ものあ》れば、則《すなわ》ち君子《くんし》も亦遂《またつい》に専《もっぱ》ら在位《ざいい》に就《つ》いて之《これ》を称《しょう》する者有り。今《いま》の君子、盍《なん》ぞ虚名《きょめい》を冒《おか》すの恥《はじ》たるを知《し》らざる。

「徳がないのに、けっこう高い位についている者がいる」と言うのです。

いまなんか、もっとそうでしょう。売り上げを上げたとか、上に取り入るのがうまい、「オレが、オレが」のパフォーマンスがうまい、学歴がある、血筋がいい……。そういった表面的なものだけで、高い位についている人が少なくありません。

一斎はそういう人を「虚名」にあぐらをかいていると断じ、「恥を知れ！」と一喝しています。

この「喝！」は、現代のリーダーに向けているのも同然。真摯に受け止めて猛反省し、徳を磨くことに専念して欲しいところです。徳の低い人が上にいたら、下にいる者は大変苦労するし、成長の芽を摘まれる危険さえあるのですから。

理想のリーダーのキーワードは、『書経』の堯典《ぎょうてん》巻頭にある「**放勲欽明《ほうくんきんめい》、文思安安《ぶんしあんあん》**」。誰の目から見ても明らかな立派な業績をあげ、同時に常に人を思いやる気持ちを持っていることが重要なのです。

72 「胆力」を鍛えるには、まず体から

たとえば、虎が突如、目の前に迫ってきたら、あなたはどうしますか? たいていは、逃げるより前に腰を抜かしますよね。

でも、胆力のある人は恐怖が頬まできても、顔はピクリとも動きません。表情もいたって冷静。虎のヒゲが触れても、息がにおってきても、です。

そういう胆力はどこからくるのか。

『言志晩録 七九』に「**人身《じんしん》にて臍《せい》を受気《じゅき》の蔕《てい》と為《な》せば、則《すなわ》ち震気《しんき》は此《こ》れよりして発《はつ》しぬ**」とあるように、へその下、「臍下《せいか》丹田《たんでん》」と呼ばれるところです。

私たちが生まれる前、母胎にあるときは、お母さんからへその緒を通して気をもら

っています。

つまり、臍下丹田は気を蓄えるところ。胆力のある人はここが鍛えられている、ということです。続いて、その臍下丹田の鍛え方について述べています。

宜《よろ》しく実《じつ》を臍下《せいか》に蓄《たくわ》え、虚《きょ》を臍上《せいじょう》に函《い》れ、呼吸《こきゅう》は臍上と相消息《あいしょうそく》し、筋力《きんりょく》は臍下よりして運動《うんどう》すべし。

肩の力を抜いて、へそから上の上半身はゆるやかに、腰から下はぐっと力を入れる。本場インドのヨガでは「肛門をキュッと締めて立ちなさい」なんて言い方をします。その姿勢で、いわゆる腹式呼吸をする。また、へその下から筋肉の力が出てくるイメージで体を動かす。

このように、考えるときも、事をなすときも、臍下丹田に気を溜めることを意識して行えば、胆力がつく。そう一斎は言っています。

同じことを、江戸中期の臨済宗の僧、白隠《はくいん》禅師も言っています。印象的な話をひとつ紹介しましょう。

白隠さんが、船が難破して浜に打ち上げられた僧侶の死体のそばを通りかかったときのこと。横にいた人は、「もう死んでいます」と言ったのですが、白隠さんは「いや、まだ生きてるよ」と。そして、その僧の臍下丹田にポンと気を入れた瞬間に、息を吹き返したそうです。

後で、いろんな人が「どうして、あなたは助かったのですか?」と尋ねたら、その僧はこう言いました。

「私の師匠から、もうダメだというときは、海に飛び込む前に、肩の力を抜いて、肛門をキュッと締めなさいと教えられました。その通りにやっただけです」

ふつうなら溺れて海の藻屑となるところを、胆力が救ってくれたというわけです。臍下丹田に気をこめることが、どれほど大切かがよくわかる逸話ですね。

最近は、超エリートなのに肝の据わっていない人が少なくありません。私の生徒のなかにも、ふだんは頭が切れて、弁舌爽やかなのですが、いざ大勢の人の前で何かをしゃべるとなると、とたんにおどおどしてしまう人がいます。

そんなふうでは、せっかくの実力が発揮できません。みなさんも、体から胆力を鍛えてください。

73 人の器量は〝背中〟でわかる

感情がすぐ顔に出る人がいます。それは言い換えれば、心が顔にある、ということです。

なぜそうなるかと言うと、「自分の外側で起きていることを、追いかけてしまうからだ」と、一斎は言っています。物事に翻弄されて、心があっちへ行ったり、こっちへ行ったりで、そのたびに自分の感情が顔に出てしまうわけです。

それはよくない。どうするべきかが『言志録　二〇』に書かれています。

須《すべか》らく精神《せいしん》を収斂《しゅうれん》して、諸《これ》を背《せ》に棲《す》ましむべし。

「心を引き締めて、背中に住まわせるようにしろ」と言う。おもしろい表現ですね。心が背中にあれば、目の前で起きる物事に振り回されずにすみますから、冷静さを保っていられそうです。

前から見ると立派そうな人物でも、ぱっと後ろ向きになったときに、意外と背中が寂しい人が多いものです。それでは立派な人物とは言えない、というのが一斎の見解。背中が立派な人こそ、精神が修練された立派な人なのです。

よく「親の背中を見て子は育つ」という言い方をしますが、あれも立派な親は心が背中にあることの裏返しでしょう。

74 「貧を楽しむ」力をつける

物《もの》に余《あま》り有《あ》る、之《こ》れを富《とみ》と謂《い》う。富を欲《ほっ》するの心《こころ》は即《すなわ》ち貧《ひん》なり。物の足《た》らざる、之れを貧と謂う。貧に安《やす》んずるの心は即ち富なり。富貴《ふうき》は心に在《あ》りて、物に在らず。


『言志耋録　一四三』にあるこの言葉は、なかなか言えるものではありません。

というのも、私たちの多くは有り余る金品を手にした人が富んだ人で、金品に恵まれない人が貧しい人だと、当たり前のように考えているからです。

でも、一斎は「反対だよ」と言うのです。「金品が余っているだけじゃないか」と。それなのに「もっと、もっと」と望んでは、現状に不平・不満を漏らしているのだから、心が貧しいとしか言いようがない、というわけです。

では、今日のご飯にも困る人はどうなのか。たとえば、米がないとなれば、味噌汁ですまそうか。味噌汁もないなら、二、三日前に食べ残したパンでいいじゃないか。何もなければ、梅干しの種でも眺めておくか、なんてね。

いまある食べ物で満足しようと思う、そういう「貧に安んじる心」こそが豊かだと言っています。

思い起こせば、幕末から明治にかけてのころ、日本にやって来た外国人は「こんなに貧しい国はない」と思ったそうです。ペラペラの生地の着物を着て、一汁一菜の粗末な食事をし、土と木と竹でできた狭い家に住んでいる様を見て、「ひどいもんだ」と。

けれども、必ず「しかし」がつくんです。着物はいつも洗濯したてで、プーンとお日様の香りがする。食事は、裏の庭でつくったとれたての野菜を、上手に煮て、非常においしい。家のなかはいつも掃き清められてきれいだし、玄関先には打ち水がされて、清々しい空気がスーッと通っている。

それで、考えを改めるのです。「世界中回ってきたけど、こんなに貧しいことを楽しんでいる国はない。すばらしいね」と。

これこそが日本という国の根源的なすごさだと、私は思っています。

これに関して、江戸前期の学者、貝原益軒は『養生訓』のなかでいいことを書いています。

ひとり家《いえ》に居《い》て、閑《しずか》に日《ひ》を送《おく》り、古書《こしょ》を読《よ》み、古人《こじん》の詩歌《しいか》を吟《ぎん》じ、香《こう》をたき、古法《こほう》帖《じょう》を玩《もてあそ》び、山水《さんすい》をのぞみ、月花《つきはな》を愛《め》で、草木《くさき》を愛《あい》し、四時《しじ》の好景《こうけい》を玩び、酒《さけ》を微《び》酔《すい》にのみ、園菜《えんさい》を煮《に》るも、皆是心《みなこれこころ》を楽《たのし》ましめ、気《き》を養《やしな》う助《たすけ》なり。貧賤《ひんせん》の人《ひと》も此楽《このたのし》み常《つね》に得《え》やすし。もしよく此楽みをしれらば、富貴《ふうき》にして楽を知《し》らざる人にまさるべし。

「貧を楽しむ」こと、ここに極まれり、という感じですね。こういう楽しみを知る人は、生活が貧しくとも、富者よりずっと心が豊かというものです。

75 「現世で何を言われようと、恐れるに足りない」

少《しょう》にして学《まな》べば、則《すなわ》ち壮《そう》にして為《な》すこと有《あ》り。
壮にして学べば、則ち老《お》いて衰《おとろ》えず。
老いて学べば、則ち死《し》して朽《く》ちず。

『言志晩録　六〇』にあるこの漢詩は、非常に有名。一斎の学問観をズバリ言い表わしています。

「少年のときに学んでおけば、それが壮年になって役に立って事を成せる。壮年になって学んでおけば、老年になっても気力・知力は衰えない」としていますが、一番重要なのは「老いて学べば」というところでしょう。「死んでも名が朽ちることはない」と言うのです。

生きている間の評判は、いいに越したことはありません。私たちはその先をあまり気にしませんが、ちょっと考えてみてください。

自分が死んだ後、「そんな人、いましたかね」などと言われたら、残念ではないですか。死んでもなお、

「いやあ、あの人は立派な人物だったね」

「なかなかユニークなことを言う、おもしろい人だったよね」

「あの人が昔言っていたことは、いまさらながらすごいと感じ入るよ」

というふうに言われたいでしょう?

それこそ生きた甲斐があるというものです。

同じことを『言志録　八九』では、次のように言っています。

当今《とうこん》の毀誉《きよ》は懼《おそ》るるに足《た》らず。後世《こうせい》の毀誉《きよ》は懼る可《べ》し。一身《いっしん》の得喪《とくそう》は慮《おもんぱか》るに足らず。子孫《しそん》の得喪は慮る可し。

「現世で何を言われようと、恐れるに足りない。後世になって受ける評価のほうが怖い。自分自身の利害はともかくとして、自分のせいで子孫に迷惑をかけないよう気をつけなさい」という意味です。

人生は死ぬまで学びです。それによって、死後も光り輝く存在であり続けられるのです。

どうかそこまで視野に入れて、子子孫孫、誉れとされる人物になりましょう。

7章

人の上に立つ極意をつかむ

――「必ず頭角を現す人」の条件

76 リーダーの〝風格〟とは

私は若いころに一度、巨人軍のV9を達成した川上哲治監督にご指導いただいたことがあります。

そのとき、私は「プロ野球の選手の条件は何ですか?」と質問しました。私は戦略的思考とか、頭脳的なことを答えてくれるんじゃないかなと期待していたのですが、彼の答えはまったく違っていました。

「よく取る、よく打つ、よく投げることですね」

と言うではありませんか。

それを聞いて、正直「少年野球じゃあるまいし……」と拍子抜けしてしまいました。そんな能力は、プロなら全員備わっていて当たり前だと思っていたからです。ガッカリしたような顔の私を見て、川上監督はさらにこう言いました。

「あのね、その三拍子が揃った選手なんて、なかなかいないんですよ。ジャイアンツに入団するぐらいの一流選手でも、どれかひとつ、足りないものがあるんです。そこを補うために、二軍で鍛え直さないといけないんです」

それでも、秀でた能力がひとつでもあればいいんじゃないかと思い、その理由を尋ねたところ、川上監督は「三つ揃えるのは、選手寿命を長くするためですよ」とひとこと。なるほどな、と納得しました。

では、ビジネスマンにとっての三拍子とは何なのか。私が新入社員教育などでよく言うのは、まず、

「よく聞く、よく見る」

ということ。次に、

「よく話す、よく書く」

ということです。まぁ、四拍子ですね。これが簡単そうで、意外とできていない。こういった基本的な能力を鍛えずして、経営哲学を学ぼう、高度なスキルを身につけようなどと言っても、絶対にうまくいきません。

一斎も『言志録　七九』で「聡明」という言葉を使っているように、「聡＝よく聞く」「明＝よく見る」ことは、とても大事なことなのです。

そこを修めたうえで、リーダーにとって重要なのは「威厳」と「謙沖《けんちゅう》」。「威厳」と

は、何か大変な問題が発生したときに動揺する社員を鎮められるだけの、どっしりとした存在感です。

ただし、威厳というのは役職についたとたんに備わるものではないので、遅くともその十年前くらいから、軽々しい言動を慎む努力をする必要があります。いつまでも〝ぺぇぺぇ気分〟で甘えていてはダメだ、ということです。

もうひとつの「謙沖」とは、リーダーになっても、最近の言葉を借りるなら「上から目線」にならないこと。地位をふりかざすことなく、どこまでも謙虚でなくてはいけません。

この「威厳」と「謙沖」の両方を備えることは、実は陰陽論にもかなっています。威厳は陽で、謙沖は陰。その陰陽が相補うことで、リーダーの風格が醸成されていくわけです。

それをビシッと言っているのが次の短い言葉。覚えておくといいでしょう。

聡明《そうめい》にして重厚《じゅうこう》、威厳《いげん》にして謙沖《けんちゅう》。人《ひと》の上《かみ》たる者《もの》は当《まさ》に此《かく》の如《ごと》くなるべし。

77 理念を語るのはリーダーの役目

どこの会社にも「企業理念」というものがあるでしょう。これは、ビジネスを展開していくうえで一番大事にしている根本が明示されたもの。トップ以下、社員全員が共有し、仕事はこれを指針にして進めていかなければなりません。

ところが、多くの企業で粗末に扱われているのが現状です。そうなると、みんながてんでんばらばらの方向に向かって仕事をしてしまいかねません。業績だって、伸びるわけはないのです。

責任はリーダーにあります。企業理念を折にふれて社員に語り、愚直なまでに守り、実行させていくよう努めるのが、リーダーの最も重要な役割なのです。『言志録五一』にこうあります。

大臣《だいじん》の職《しょく》は、大綱《たいこう》を統《す》ぶるのみ。

　このひとことに続けて、「日常の細々としたことは、これまでの経験則で処理できるのだから、そんなことにかかずらうな」と言っています。さらに、次がいい。

「但《た》だ人《ひと》の発《はつ》し難《がた》きの口《くち》を発し、人の処《しょ》し難きの事《こと》を処するは、年間率《ねんかんおおむ》ね数次《すじ》に過《す》ぎず、紛更労擾《ふんこうろうじょう》を須《もち》うること勿《なか》れ」――リーダーである自分にしかできないことをやりなさい、と言うのです。

　そういう仕事は年間に何度もあるわけではないのだから、細々とした仕事に振り回されていなければ、できるじゃないか、というのが一斎の考え方です。

　その「リーダーにしかできない仕事」とは、まさに理念を語り続けることだと理解していただいていいでしょう。

　実際、名経営者と言われる人は、社員に繰り返し企業理念を説いていますし、自分自身もその理念に則って重大な局面の経営判断をしています。細かい仕事にかき乱されることがないから、心労を覚えることもなく、下の者を同じ方向に率いていけるのです。

　リーダーの地位にある人は「本当に自分がやらなければいけない、自分にしかできない仕事は何なのか」をよく考えてみてください。

78 「歯車をつくる」のではなく「人間を育てる」

「成功者」って、どんな人でしょう？

地位の高い人ですか？　お金儲けのうまい人ですか？　それとも、勲章をもらった人、豊富な人脈を持つ人、みんなを平身低頭させるくらいの権力を得た人ですか？

イメージ的にはどれも「成功者」の要素と言えるかもしれません。でも、一番大事なのは高い徳・人格を備えた人物であるかどうか。

よく「横綱の品格」なんてことが言われるように、いくら地位が高くても、力があっても、それにふさわしい品格がなければ、誰も「立派な人だなぁ」と尊敬してくれません。尊敬を集められないような人は、「成功者」とは言えないのです。

それで一番不愉快なのは、自分自身です。せっかく努力して上に上り詰めても、徳が備わっていないとなると、そんな自分を一番厳しい目で見ている自分の心が不快感を覚え、「それで成功者になったつもりか」と無言の圧力をかけてくるからです。

大事なのは、徳を積むこと。

そして、自分を磨いていく際にポイントとなるのは、「大所高所」の視点を持つことです。『言志晩録　六六』にこうあります。

大《だい》に従《したが》う者《もの》は大人《たいじん》と為《な》り、小《しょう》に従う者は小人《しょうじん》と為る。

「大に従う」とは、学ぶにしろ何にしろ、高所大局から見ることを心がけなさい、ということです。そうすれば、立派な人物になれると。

また「小に従う」とは、目の前の枝葉末節にしか目を向けないこと。枝葉末節がどうでもいいというのではなく、細かいことも高所大局から見たほうがよく見えるのです。目の前のことを狭い視野で見ているのが「小人」、取るに足らない小人物だとしています。

この言葉はいまの技術・知識教育の、ひいては政治・ビジネスの最大の欠点を言い当てているように思えます。

高所大局の視点がないために、どんどん細かいところに入り込み、その迷路から抜け出せずににっちもさっちもいかなくなってしまうことが多いでしょう？　そんなふうではとても大人物にはなれません。

本を読んで学ぶにしてもそう。たとえば「あの本の何章の何行目にいいことが書いてあるんだ」なんて言う人がいると、「大した読書人ですね。そんな細かいところまで読んでいるとは」と周囲は褒めるかもしれませんが、それこそ「自分は小人だよ」と告白しているようなものです。

そうではなくて、趣旨を大づかみして自論を形成し、「これは、あの本が主張していることだよ。実践に役立つ見事な論理なんだ」などと言えるようでなければ、本当に本を読んだことにはならないし、大人物にはなれないのです。

また、このくだりの最後で、一斎はおもしろいことを言っています。それを超訳すると……。

「人にはそれぞれ違う能力があるんだから、それを機械の部品と考えて、うまく活用すればいい、と言う人がいる。そうすれば、大人物は労せずして成果が得られるし、小人物のほうも自分の能力を使っていただいたと喜ぶだろうと。

その論からすれば、小人物が持てる能力をコツコツと積み重ねた、その成果をうまく活用するのが大人物だということになる。

何たる失礼な考え方だ。小人物とされた人は怒らなければいけない。『私はあなたたちの部品にはなりませんよ』と」

誰もが小人物に甘んじることなく、大人物を目指す。そうして立派な人間が続々と出てくれば、社会は治まり、発展していくのです。

79 一流の人は「些細なこと」こそいい加減にしない

高所大局から物事を見ることと、身近な細かい事柄を気にしないこととは同じではありません。大所高所に視点があるからこそ、些細なこともおろそかにはできない、というのが本当のところです。

なぜでしょう？　それは、いまの延長線上にある将来まで見通して、近くで起きた問題を放置しておくと大変なことになるとわかるからです。

『論語』に「**人遠慮無《ひとえんりょな》ければ、必《かなら》ず近憂有《きんゆうあ》り**」（衛霊公第十五）」という言葉があるように、遠い将来まで見渡していなければ、近いうちに必ず心配事が起こるのです。

卑近な例で言えば、失言がそう。調子に乗って、言ってはいけないことを軽々しく口にしてしまうと、それが大きな問題に発展することがままあります。先々のことを考えて慎重に言葉を選ばなかったために、将来に禍根を残すことになるのです。

真《しん》に遠慮有《えんりょあ》る者《もの》は、細事《さいじ》を忽《ゆるがせ》にせず。

『言志録　二七』にあるこの言葉を戒めに、将来を遠望する高所大局の視点を持ち、些細なこともおろそかにしないようにしてください。

80 集団も自分も、〝後ろから支えろ〟

小学校の教師の養成をしていたあるとき、自分も現場を体験したほうがいいだろうということで、小学生を近くの博物館に引率したことがあります。

「引率ということは、自分が前に立って子どもたちを引っ張っていかなくちゃいけないな」と思い、迷わず子どもたちの先頭に立って、「はい、こっちだよ。ここを曲がるよ」なんてやっていました。

最初はそれでうまくいっていたのですが、途中で知り合いにバッタリ会ったもので、彼と話をしながら歩くことになりました。しばらくして、ふと後ろを見たら、何と子どもたちがひとりもついてきていないではないですか。「えっ、どこ行っちゃったんだろう」と大あわてしたことを覚えています。

「黙って俺についてこい」式の引率は、これだからダメなのです。とくにリーダーは先頭を切らずに、後ろから部下の様子を見て、ときには励まし、ときには叱責しながら仕事を進めていくのが賢明というものです。

その点、一斎はよくわかっていましたね。『言志後録　一一〇』にこうあります。

「羊《ひつじ》を牽《ひ》きて悔亡《くいほろ》ぶ」操存《そうそん》の工夫《くふう》当《まさ》に此《か》くの如《ごと》くすべし。

「羊飼いが羊を追い立てるときのように、前に進もうと思うなら、人々の後ろからついていきなさい」という意味です。

先頭に立って引っ張っていこうとすると、ついてこない人がいる場合、困ります。ときどき後ろを見ては「あ、ちょっと早過ぎたかな」とか「違う方向に進んだ人がいるじゃないか」といったトラブルが発生し、集団との間を行きつ戻りつしなければなりません。なかなか進まず、後悔の連続になってしまいかねません。

でも、羊飼いよろしく後ろから追い立てるようにすれば、確実に前進することができますよね？

これは、集団を動かすときだけに限ったことではありません。

志を持ってゴールに向かって歩むときも、進んでいく自分自身を後ろから見ることが必要です。それによって、自分の行動や考えが広い視野からよく見えるようになるからです。

もしかしたら、一斎自身が「どんどん前に進んで、後ろを向いたら、誰もついてこなかった」なんて経験をしたのかもしれませんね。

81 部下の仕事に手出し・口出しは無用

下情《かじょう》は下事《かじ》と同《おな》じからず。人《ひと》に君《きみ》たる者《もの》、下情には通《つう》ぜざる可《べ》からず。下事には則《すなわ》ち必《かなら》ずしも通ぜず。

『言志録　八四』を直訳すると、「下情《かじょう》と下事《かじ》は同じではない。上に立つ者は下情に通じていなければいけないが、下事のことは必ずしも知らなくていい」となります。

下情、下事とはどういう意味でしょう?

下情とは部下の気持ちや、部下の事情を理解し、思いやること。「困っていることがないかな」「不満がないかな」「やる気はあるかな」「仕事はおもしろいかな」など、部下の仕事ぶりを観察しながら、どんな気持ちでいるのかを察知する。そのうえでやさしい言葉をかけたり、厳しく諫めたり、アドバイスを与えたり。

ようするに、部下の立場に立ち、仕事を進めやすいようにしてあげるのが下情です。

その下情に通じるにはどうすればいいかは、『言志後録　四四』にあります。

「下情《かじょう》に通《つう》ずるの三字《さんじ》は、当《まさ》に彼我《ひが》の両看《りょうかん》を做《な》すべし」――自分と他人の両方をよく見なければならない、としています。

とりわけ必要なのは、自分が下の者のことを理解しようと思って、「聞く耳」を持つこと。でないと、下の者は本音を言いにくくなるからです。

一方、下事というのは、ビジネスで言うなら、部下の仕事を意味します。一斎が「必ずしも通じていなくていい」と言うのは、「部下の仕事に手を出すな。いらぬ口を出すな」ということです。

職場を見て回るのは、大いにけっこう。ただ、たとえば「君、何をやってるんだ。仕事が遅いな。私がやるから、君はもういいよ」などと、手出し・口出ししてはいけません。ちょっとアドバイスを与えたり、やってみせたりするのはいいけれど、がまん強く見守ってあげるのが思いやりというものです。

多少見ていられないところがあっても、それは部下の仕事です。上に立つ者がうまくやる必要はない。

一度「君に任せたよ」と言ったら、本当に任せること。下情と下事は違うということをわきまえましょう。

82 「労せずして儲けよう」なんてケチな考え

『言志晩録　二二六』で、一斎は「出入りの法則」について述べています。

ひとことで言えば、

「運や能力、才知など、自分の持てるものを余すところなく放出して初めて、それが富や評価という形で入ってくる」

ということです。「結果は後からついてくる」と言ってもいいでしょう。

至富《しふ》なれば、自《みずか》ら其《そ》の富《ふ》たるを知《し》らず、至貴《しき》なれば、自ら其《そ》の貴《き》たるを知らず。道《どう》徳功業《とくこうぎょう》も、其の至《いた》れる者《もの》は、或《あるい》は亦自《またみずか》ら知らざること然《しか》る歟《か》。

「金持ちや地位の高い人には、自分がそうだっていう自覚がないね。徳や功績というのも、極めた人は意識しないのかもしれないね」と言うんです。直訳で読むと、何を言いたいのか、よくわかりませんね。何気ないひとりごとのようにも聞こえます。

でも、深い意味があります。

自分から「俺は金持ちだぞ。偉いんだぞ。世のため人のためを考えているんだぞ。見よ、この功績を！」などと吹聴するような人は、大した人物じゃあない、ということを示唆しているのです。

そんな自慢をしないけれども、お金持ちであったり、高いポジションを得ていたり、あるいは徳を積み重ねて人から慕われ、努力して得た功績が認められている人は、本人にとってそれがごくごく当たり前のことなのです。

ことさらに言い立てるほどのことではなく、人から言われて、

「えっ、私が金持ち？　みんなから尊敬されている？　それは気づかなかったなぁ」てなものです。

ここで、冒頭触れた「出入りの法則」を思い出してください。力の限りを尽くしたら、富や名声が手に入るのは当たり前のことなのです。

では、自慢する人はどうなのでしょうか。

彼らは、労せずして富や名声を手に入れたからこそ、「すごいだろ、すごいだろ」とわめき散らしたくなるわけです。

一番怖いのは、「出してもいないのに、入ってくる」こと。自分では大した苦労もせずに人からお金をもらうとか、誰かが一生懸命働いて得たものをかすめ取るとか、そうやって「入り」ばかり増えると、天はこう思います。

「バランスが悪いな。何も出さずに手に入れたものを取り上げなくちゃいけないな」

このとき、どうでもいいものを取り上げられるならまだいいのですが、天と私たちでは価値観が違います。

下手すると、天はその人にとって一番大切なものから奪うかもしれません。ひょっとすると、命に関わることだって起こるかもしれないのです。

誰もが一度は「楽して儲けたい」と思ったことがあるでしょう。いや、一度なんてものではなく、大方の人がいつもいつもそう願っているでしょうね。

でも、今日からキッパリやめてください。「悪銭身につかず」と言われるように、労せずして儲かったって、絶対にろくなことにはなりません。

「とにかく力を尽くす。結果は後からついてくるさ」というふうに、考え方を変えましょう。それが「出入りの法則」にかなった生き方なのです。

その意味では、「親の遺産が転がり込んできた」なんてことで、喜んでいる場合ではありません。西郷南洲は遺訓のなかで耳の痛いことを言っています。

「幾《いく》たびか辛酸《しんさん》を経《へ》て、志《こころざし》始《はじ》めて堅《かた》し。丈夫玉砕《じょうふぎょくさい》して甎全《せんぜん》を愧《は》じる。一家《いっか》の遺事《いじ》、人《ひと》を知《し》るや否《いな》や。児孫《じそん》のために美田《びでん》を買《か》わず」と。

超訳すると、

「何度も辛酸をなめてこそ、志は固まる。義を重んじて事に当たり、美しい玉がはじけるように潔く死ぬがいい。何もせずに保身に走るなよ。家の遺産など気にするな。子孫に多くを残そうなんて、ケチな考えだよ。苦労知らずのひょろひょろした情けない人間になってしまうぞ」

ということです。

ひと財産成した人ほど、晩年は少しでも多く遺産を子孫に残そうということで頭がいっぱいになるものです。

でも、それこそ「出入りの法則」に反しています。世のため人のために吐き出したほうが、子孫のためにもなるでしょう。覚えておいてください。

83 一大事が起きたら一晩寝かせる

「緊急事態、発生！」「すわ、一大事！」となって、あわてない人はいないでしょう。でも、そういうときこそ忍耐を忘れてはいけません。

もちろん、急いで行動を起こしたほうがいいのですが、気持ちばかり焦ってしまうのがよくない。後先考えずに「とにかくやってしまえ」となって、仕事がずさんになったり、やり忘れが出たりしがちだからです。

『言志録　一三〇』はその戒めとして、**「急迫《きゅうはく》は事《こと》を敗《やぶ》り、寧耐《ねいたい》は事を成《な》す」**――「切羽詰まった緊急事態が起きたときほど、じっくり考えて、丁寧に事を進めなくてはいけない」としています。

昔から「急いては事をし損じる」と言われるように、焦ったために場当たり的な対応になってしまい、失敗することは多いものです。

世の多くのビジネス書でも「迅速な対応」が強調されますが、一斎はそんなことを言いません。『言志後録　四五』ではじっくりもじっくり、「一晩寝かせなさい」とまで提案しています。

一夜《いちや》を宿し、枕上《ちんじょう》に於《おい》て粗商量《ほぼしょうりょう》すること一半《いっぱん》にして、思《おもい》を齎《もた》らして寝《い》ね、翌旦《よくたん》の清明《せいめい》なる時《とき》に及《およ》んで、続《つづ》きて之《これ》を思惟《しい》すれば、則《すなわ》ち必《かなら》ず恍然《こうぜん》として一条路《いちじょうろ》を見《み》、就即《すなわ》ち義理自然《ぎりしぜん》に湊泊《そうはく》せん。然《しか》る後《のち》に徐《おもむろ》に之《これ》を区処《くしょ》せば、大概錯悞《たいがいさくご》を致《いた》さず。

一大事が起きると、頭は錯乱状態になりますから、「とりあえず、寝る」というのはいい選択肢です。

ただ、すぐに寝てしまうのではなく、うとうとしながら対応策を半分くらい考えたところで熟睡に入るのがコツです。

そうすると、翌朝目覚めたときに、頭がすっきり。夕べ途中まで考えたことがいい具合に熟成し、解決の糸口が見えてきます。後は、残り半分を考えてベストな対応策を導き出すだけ。「対応を誤ることはない」と、一斎は明言しています。

一大事に限らず、仕事全般、夜中まで残業して、あるいは徹夜してやるのは感心しません。頭が朦朧としてくるので、はかどらないし、ミスも多くなるからです。

それより早起きして、朝のクリアな頭で取り組んだほうが結果的にはいいと思います。頭がよく回らないときは、「一晩寝かせる」ことをおすすめします。

84 絶好のタイミングで行動を起こす

『言志録　五二』に「社稷《しやしょく》の臣の執《と》る所《ところ》二《に》あり。曰《いわ》く鎮定《ちんてい》。曰く機《き》に応《おう》ず」——「リーダーの仕事はいついかなる場合でも不動心をもって人心を安定させることと、大きなチャンスを逃さないことだ」とあります。

その「鎮定」については前にも触れているので、ここでは「機に応ず」のところを、『重職心得箇条　五』で読んでいきましょう。

応機《おうき》と云《い》ふ事《こと》あり肝要也《かんようなり》。物事何《ものごとなに》によらず後《のち》の機は前《さき》に見《み》ゆるもの也。其機《そのき》の動《うご》き方《かた》を察《さつ》して、是《これ》に従《したが》ふべし。物《もの》に拘《こだわ》りたる時《とき》は、後に及《およん》でとんと行《ゆ》き支《つか》へて難渋《なんじゅう》あるものなり。

たとえば、弓をキリリと引いて的を射るとき、「いまだ！」という瞬間に手をパッと放す、それが「応機」ということです。時間の流れは〝待ったなし〟ですから、機会を逃したら取り返しがつきません。

だから、リーダーは先行きをしっかり見通して、いましかない絶好のタイミングで行動を起こす必要があります。問題に対処するときも、新しいことに挑戦するときも、撤退を決断するときも、すべてそう。

タイミングを逃すと、同業他社の後塵《こうじん》を拝することになってしまったり、逆に勇み足で失敗したりして、下の者たちをおろおろさせることになるのです。

決断に際して重要なのは、よけいなこだわりを振り払うこと。たとえば「こんなことをすると、部下が苦しむんじゃないか」とか「失敗して、自分の評価を下げるんじゃないか」「すべての責任を負うのはしんどいな」といったことは考えない。

冷徹な目でチャンスを見極めたなら、後は勇気を出して実行するのみ。

リーダーはときには鬼になって、「いまなすべきことをいまやる」覚悟を持たなくてはいけません。

85 ちょっとくらいの〝悪さ〟はおめこぼしせよ

一斎は非常に厳しい人ですが、なかなか話のわかる人でもあります。『言志録七四』を読むと、それがわかります。

治安日《ちあんひ》に久《ひさ》しければ、楽時《らくじ》漸《ようや》く多《おお》きは、勢《いきおい》然《しか》るなり。勢の趣《おもむ》く所《ところ》は即《すなわ》ち天《てん》なり。士女《しじょ》聚《あつま》り懽《よろこ》びて、飲讌歌舞《いんえんかぶ》するが如《ごと》き、在在《ざいざい》に之《こ》れ有《あ》り。固《もと》より得《え》て禁止《きんし》す可《べ》からず。

「世の中が長く平穏無事であるときは、どうしたって楽しみ事が多くなる。それは天のはからいなのだから、みんなが浮かれ気分で酒盛りをしたり、歌ったり、踊ったりしてもいいじゃないか。止めてはいけないよ」

何となく、一斎なら「世の中が平和ボケしているときほど、一生懸命がんばらないといけないよ」と言いそうですが、まったく逆です。

以前、ある社長さんが「会社がうまくいっているせいか、どうも社員がたるんでいる。目に余るから、管理職の連中に、部下を引き連れてカラオケに行くことを禁止した」と言っていたので、私はすかさず一斎のこの文章を読んでもらいました。

それはさておき、どうして浮かれ気分に水を差してはいけないのでしょうか。

続くくだりで、**「而《しか》るを乃《すなわ》ち強《し》いて之《これ》を禁《きん》じなば、則《すなわ》ち人気《にんき》抑鬱《よくうつ》して、発洩《はつえい》する所《ところ》無《な》く、必《かなら》ず伏《ふ》して邪慝《じゃとく》と為《な》り蔵《かく》れて凶姦《きょうかん》と為り、或《あるい》は結《むす》ばれて疾疢毒瘡《しっちんどくそう》と為り其《そ》の害《がい》殊《こと》に甚《はなはだ》しからん」**と言っています。

楽しみ事をむりやりやめさせたら、ストレスを発散するところがなくなり、気力が減退する、というんですね。

さらに悪いことに、楽しみ事をこそこそと隠れてやるようになり、それが重なれば逆に悪い方向にどんどんエスカレートしていく。そう指摘しています。大っぴらにやらせておいたほうが、むしろ健全だというわけです。

むやみに禁じたばかりに、反発心から「もっと遊んでやれ」となったり、「バレなきゃ、何やってもいいだろう」みたいな気持ちになったりするのはよくあること。子どもだって、親が厳し過ぎると、その反動で不良化しやすいでしょう？　大人だって同じです。

隠れてやることがカラオケくらいなら何てことありませんが、たとえば仕事をさぼってギャンブルにのめり込むとか、遊ぶ金欲しさに会社の金を着服するとか、悪事に発展したら非常にやっかいです。

こういう配慮を、江戸時代は「おめこぼし」と言いました。状況に応じて「これくらいならいいか」と斟酌し、多少のことは見て見ぬふりをしてあげるということです。

このくだりは、次の言葉で締めくくられています。

政《まつりごと》を為《な》す者《もの》但《た》だ当《まさ》に人情《にんじょう》を斟酌《しんしゃく》して、之《これ》が操縦《そうじゅう》を為《な》し、之を禁不《きんふ》禁《きん》の間《あいだ》に置《お》き、其《そ》れをして過甚《かじん》に至《いた》らざらしむべし。是《こ》れも亦《また》時《とき》に赴《おもむ》くの政然《しか》りと為す。

ようするに、人情を斟酌する。いい言葉ですね。それによって人心をうまく操り、「禁止するでもなく、禁止しないでもない」状態にしておく。

社会の状況に順応しながら、一方に偏り過ぎないように注意するのがリーダーの役目だ、としています。

リーダーのみなさんはぜひ、杓子定規な考えに囚われず、世の中が浮かれている状況のときは、部下たちにその空気を楽しませてあげてください。

86 若い人の経験不足は大目に見てやる

たとえば、若い部下が血相を変えて、「至急、ご相談したいことがあります」とか「大変なことになりました」と言って、あなたのところにやって来たとします。でも、「いったいどうしたんだ」と聞いてみれば、取るに足らないことだった。

そんなとき、あなたは部下に対してどんなふうにふるまいますか?

たいていの人は頭にくるでしょう。言葉にするかどうかはともかく、「この忙しいときに、くだらないことを言ってくるな!」と言わんばかりの、いかにも不機嫌な態度をとるのではないかと思います。

当然ながら一斎は『言志後録 三六』で「そんなに怒ってはダメですよ」と言っています。

「人《ひと》は往々《おうおう》にして不緊要《ふきんよう》の事《こと》を将《もっ》て来《きた》り語《かた》る者有《ものあ》り。我《わ》れ輒《すなわ》ち傲惰《ごうだ》を生《しょう》じ易《やす》し。太《はなは》だ不可《ふか》なり」と。

なぜなのか。続くくだりを見てみましょう。

渠《かれ》は曾《かつ》て未《いま》だ事《こと》を経《へ》ず、所以《ゆえ》に閑事《かんじ》を認《みと》めて緊要事《きんようじ》と做《な》す。我《わ》れ頬《ほお》を緩《ゆる》め之《これ》を諭《さと》すは可《か》なり。傲惰《ごうだ》を以《もっ》て之《こ》れを待《ま》つは失徳《しっとく》なり。

若い人や、若くなくても経験の浅い人は、事が急を要するものか、重大なものかの判断がなかなかつけられません。経験のある人にとっては大したことでなくとも、その人にとっては一大事なのです。

そこを考慮して、「ちょっとは大目に見てあげなさいよ」というのが一斎の考え。怒ったりせずに「そりゃあ、大変だったたね。でも、あわてなくてもいいよ。こんなふうに対応してみたらどうだい?」くらいのことを言えなくちゃしょうがない、というのです。そして、決め台詞。

「どんな相手であれ、見下したり、横柄に対応したりすると、徳を失うことになるよ。

リーダー失格だね」

私がいつも言うのは、上に立つ者――組織だったら係長、課長、部長、社長、会長、それ以外にも家長、年長者など、とにかく「長」の字のつく言葉で呼ばれる人は、みんな教師だ、ということです。

教師であればこそ、自分より若い者に対してやさしく諭すことを忘れてはいけません。最近は目に余ることをしていても「見て見ぬふりをする」大人が増えましたが、それではいけません。

数年前のことですが、電車のなかでふたりの若い女性が化粧をしていて、次にパンを食べ始めたものですから、私はつい注意をしました。

「ちょっと君たち、ここをどこだと思ってるの？」

「電車のなか」

「わかってるんじゃない。電車のなかは化粧したり、食事をしたりするところではないよね？」

「だって、時間がないから」

「いや、それは公私混同だよ。電車は公の場所なんだから、化粧や食事などの私的なことをするのは良くないんだよ。私的なことは家のなかでやる、わかった？」

その場はそれでおさまったのですが、後がいけません。

しばらくして私が最寄の駅で降りたら、非社会的な人間が二、三人近づいてきました。そして「さっきはさぁ、言いたいこと言ってくれたじゃないか」と、私にいちゃもんをつけてきたのです。

彼らが女性たちの知り合いなのか、単に説教くさい私にむかついたのか、それはわかりません。でも、さすがにこういう人は私も怖い。

瞬時に浮かんだのは、中国の兵法書にある「三十六計逃げるが勝ち」という言葉。ここは逃げるしかないと、さっさとその場を後にしたのでした。

帰宅してから家人にひどく叱られました。「刺されでもしたら、どうするの？」と。たしかに、昨今はそういうこともなきにしもあらずですから、変に関わらないほうがいい場合もあるでしょう。ちょっと反省した私です。

「長」のつくみなさんは、そういった危険がないかどうかを十分に注意したうえで、経験も知識も乏しい若者たちに、社会とは何なのか、仕事とは何なのか、どういうときにどう対応すればいいのかなど、さまざまなことを教えてあげてください。ただし、あくまでも穏やかに！

87 叱るときは「ズバッと短く」

人《ひと》を訓戒《くんかい》する時《とき》、語《ご》は、簡明《かんめい》なるを要《よう》し、切当《せっとう》なるを要す。疾言《しつげん》すること勿《なか》れ。詈《り》辱《じょく》すること勿れ。

『言志耋録　一六〇』のこのくだりは、「人を叱るときの三原則」とも言うべきものです。

ひとつ目は、言葉は簡潔に。叱られるほうは、よほど理不尽なことでない限り、自分が悪いとわかっています。ちゃんと耳を傾けるでしょう。

でも、チクリ、チクリ、長々と叱られると、だんだんイヤになってきます。そのうち、「何だか、上司の憂さ晴らしの相手をさせられているみたいだな」などと感じてしまいます。

それでは、叱責の効果は半減。言葉は簡潔であればあるほど、効果的です。

二つ目は、相手の心にグサリと食い込むような言葉を投げかけること。「あ、図星だ」と思わせる鋭さがないといけません。

ただし、「痛いところをつかれると、人は怒りだす」のが世の常なので、批判めいた言葉は避けたほうが無難でしょう。

「君の本心はわかってるつもりだよ。私がどうこう言う前に、十分に反省しているよね」

というようなニュアンスで叱るのがベストです。

三つ目は、早口でまくしたてるように、罵詈雑言《ばりぞうごん》を浴びせかけないこと。これをやられて、反発しない人はいません。とくに相手の人格を貶めるようなことは、絶対に言ってはダメです。

そもそも叱るのは、相手のためになると思えばこそ。相手が聞いてくれなければ、叱る意味がないのです。

もっとも、二十代、三十代の若いうちは血気盛んですから、部下を持つ身になっても、ついカーッとなってしまうことが多いでしょう。怒鳴り声のひとつもあげたくなると思います。そこをぐっと抑えて、この言葉を思い出してください。

一斎自身、若いときは血の気の多い人でした。腕試しなんて荒っぽいこともしたようですし、腕っぷしの強い人ですからケンカや剣の腕比べもしたでしょう。でも、あるときを境に一変しました。

それは、一斎が夜遅く帰宅したときのこと。母親に「ちょっと部屋にいらっしゃい」と呼ばれました。「これは叱られるな」と覚悟したのではないかと思います。ところが、母親は一斎の顔をじっと見ているばかり。ひとことも言葉を発しません。一斎は、さぞかし居心地が悪かったことでしょう。すると、やがて母ははらはらと涙をこぼしたそうです。これですべて了解。

「母上をこんなに悲しませていたとは……。本当に申し訳ないことをした」

そう思った一斎は、この日から学問に生きる決意をしたといいます。無言の圧力というのは、かくも強烈に相手の心に突き刺さる、ということです。

似たような話はほかにもたくさんあります。

ひとつ、かの良寛が頼まれて放蕩者の甥っ子を諭しに行ったときのエピソードを紹介しましょう。

良寛はこの話にあまり気が進まなかったのですが、「あなたも僧侶の身なんだから、とくと言って聞かせてやってよ。一本、つけるからさ」と言われて、その気になったようです。良寛は大の酒好きなんですね。

ただ、良寛は甥っ子のところへ行った後も、二日経っても、三日経っても、説教めいたことは何も言いませんでした。むしろ、甥っ子のほうが「いったい、いつになったら話すのだろう」と焦れたくらい。「そろそろ私は帰るよ」と良寛が腰を上げたときは、拍子抜けしたようでした。

「お前、草履のひもを結んでくれんか」

良寛にそう言われて、甥っ子が屈んで結んであげていると、首筋にポタポタと水滴が落ちてきました。「雨漏りかな」と顔を上げると、なんと良寛が涙を流していたのでした。

「ああ、俺はおじさんをこんなに悲しませていたんだ」

その日から、甥っ子が真人間になったことは言うまでもありません。

叱るときには、本当は言葉なんかいらないのかもしれません。心の底から「しっかりしてくれよ」と思うとき、その気持ちが相手に伝わるのです。ジーンときますね。

88 説教するなら〝ついで話〟としてがいい

説教されるのが好きな若者は、まずいないでしょう。だいたいが「説教なんて、ごめんだ」と思っています。

それなのに、会議室とか応接室などにわざわざ呼びつけて、「ここに座りたまえ」なんて特別な場を設けると、相手は説教される前から身構えてしまいます。頭のなかは「どうやって逃げようか」ということでいっぱいになるでしょう。

そうすると、若者はもう無意識のうちに、耳を塞いでしまいます。神妙にうなずいていたとしても、上司の言葉は耳を素通りするでしょう。

では、どうすれば若者に「聞く耳」を持たせることができるか。『言志耋録一五九』にいいアドバイスがあります。

但《た》だ平常《へいじょう》の話中《わちゅう》に就《つ》きて、偶《たまたま》警戒《けいかい》を寓《ぐう》すれば、則《すなわ》ち彼《か》れに於《お》いて益有《えきあ》り。我《わ》れも亦《また》煩瀆《はんとく》に至《いた》らじ。

「ふだんの会話のなかで、さり気なく」がポイント。私はそれを「ついで話」と呼んでいます。

いっしょに外出する電車のなかや、肩を並べて歩いているとき、エレベーターに乗り合わせたときなどに、

「そうそう、君さ、こないだクレームがあっただろ？　いきなりこっちの言い分を突きつけてたみたいだけど、あれはまずいよ。相手を怒らせるだけだからね。まず『よくわかりました』と相手を立てなくちゃ。話がもっとスムーズに運んだと思うよ」

とか何とか言ってやればいいのです。

そういうときなら、若者も身構える暇がないし、緊張して耳が塞がることもありません。比較的素直に説教を受け入れるでしょう。

何も一斎は、若者に媚びろと言っているのではありません。そのほうが「説教をするほうも、かたくなな若者の心を解きほぐす手間が省けてラクじゃあないか」としています。

もちろん、場合によっては、特別な場所を設けて、こんこんと言って聞かせなくて

はいけない場合はあります。でも、そう多くはないでしょう。大いに「ついで話」を活用してください。

89 褒め上手は本人だけでなくまわりも褒める

人を褒めるのは簡単そうで、意外と難しいものです。

会社だったら、たくさん売った人とか、新しい技術を開発した人、優れた企画を考えた人、何らかの改革をした人、能力がぐんぐん伸びた人など、目覚ましい活躍をした人を褒める。

それは簡単です。

でも、何事につけ、すべてを独力で成し遂げることは、まずありません。必ず裏でその人を支えた人がいます。そういう人まで褒めるのがリーダーの配慮だと、一斎は指摘しています。

『言志録　一一五』はこのことを、孝行息子・孝行娘を例にとって説いています。

「孝名《こうめい》の著《あら》わるるは、必《かなら》ず貧窶《ひんく》、艱難《かんなん》、疾病《しっぺい》、変故《へんこ》に由《よ》れば、則《すなわ》ち凡《およ》そ孝名有《こうめいあ》る者《もの》、率《おおむ》ね不幸《ふこう》の人《ひと》なり」――「孝行者だと評判になる人は、だいたい家が貧乏か、困難な状況に陥っているか、家族の誰かが病気になったり、事故に遭ったりしたかで、不幸な人が多い」と言うんです。

言われてみれば、そうだなぁという気がします。

「それなのに、孝行者だけを褒めたのでは、不幸を礼賛することにならないか」というのが一斎の考え。こういう視点を持つ人は少ないでしょうね。ユニークで深い。

一斎が言いたいのは、「孝行者を褒めるな」ということではなく、「よくぞ立派な子を育てましたね」と親も褒めて然るべきだ、ということです。そうすれば、親も卑屈にならず、子に対する愛情がより深まるはずだと。

これは、親と子に限らず、兄弟姉妹間でも同じ。年少者が年長者に礼を尽くすという意味では、会社の上下関係にも当てはまります。

たとえば、若手が業績をあげたとき、その人ばかり褒めるのではなく、上司として支え、指導してきた人も褒める、そこまでの配慮をしたほうがいい。

でないと、上司のほうが「どうせ俺はダメ上司だよ。いままでの業績がパッとしなかったから、部下に活躍してもらわざるをえなかったんだからさ」なんてひがんでしまうかもしれませんからね。

そうやって善行をした者と、それを支えた年長者と、両方を褒めるようにすれば、「一挙両得だ」と一斎は結論しています。

締めの言葉はこれ。

独《ひと》り其《そ》の孝弟《こうてい》を勧《すす》むるのみならずして、并《あわ》せて以《もっ》て其の慈《じ》友《ゆう》を勸む。一挙《いっきょ》にして之《これ》を両得《りょうとく》すと謂《い》うべし。

90 逃げも隠れもしない覚悟を示す

一斎は鍼《はり》が好きだったようです。それで鍼を打つことにたとえることを思いついたのか、**「吾方《われまさ》に事《こと》を処《しょ》せんとす。必《かなら》ず先《ま》ず心下《しんか》に於《お》いて自《みずか》らの数鍼《すうしん》を下《くだ》し、然《しか》る後《のち》に**

事に従《したが》う」（『言志録　二二』）と言っています。

「事に当たるときは、まず心に数本の鍼を打って、腹を据えなさい」

というわけです。

「自分にできるだろうか」とか「うまくいかなかったらどうしよう」「何とか逃げられないだろうか」といった不安や迷いをスッパリ断ち切り、「もう逃げも隠れもしない。全力で立ち向かうぞ！」と覚悟を決める。こうして構えると、自ずと事の本質が見えてくるのです。

次にどうするか。

『言志後録　六二』に「**将《まさ》に事《こと》を処《しょ》せんとせば、当《まさ》に先《ま》ず略《ほぼ》其《そ》の大体如何《だいたいいかん》を視《み》て、而《しか》る後漸漸《のちぜんぜん》に以《もつ》て精密《せいみつ》の処《ところ》に至《いた》るべくんば可《か》なり**」とあるように、

「全体を見渡して概略をつかんだうえで、細かい点を詰めていきなさい」

と言っています。でないと、「木を見て森を見ず」という状況に陥ってしまうからです。

私も研修や講義を行なうときはこの教えを守り、まず受講生全員に自己紹介してもらって、みなさんがどういうことを求めているか、その概略を把握します。そのうえ

で、一人ひとりの特性を細かく見て、心に響く講義をするようにしています。

どんな仕事でも、この順番を間違えたらダメ。事に当たるときはぜひ、ここに紹介した二つの言葉を思い出してください。

◎参考文献

『言志四録（一～四）』講談社／川上正光
『佐藤一斎全集（十一）言志四録（上）』明徳出版社
『佐藤一斎全集（十二）言志四録（下）』明徳出版社

本書は、本文庫のために書き下ろされたものです。

田口佳史（たぐち・よしふみ）

一九四二年東京生まれ。東洋思想研究者。日本大学芸術学部卒業後、日本映画新社入社。新進の記録映画監督として活躍中、二十五歳のときにタイ国で重傷を負い、生死の境で「老子」と出会う。以後、中国古典思想研究に従事。一九七二年株式会社イメージプラン創業、代表取締役社長を務める。東洋リーダーシップ論を核に置き、二千社にわたる企業変革指導を行なう。企業、官公庁、地方自治体、教育機関など全国各地で講演・講義を続け、一万名を超える社会人教育の実績を持つ。一九九八年に老荘思想的経営論『タオ・マネジメント』（産調出版）を発表。二〇〇九年から慶応丸の内シティキャンパスで担当している「論語」「老子」講義などが人気となる。東洋思想をベースとした仕事論、人生論の第一人者である。

主な著書にベストセラー『超訳　孫子の兵法「最後に勝つ人」の絶対ルール』『超訳　老子の言葉「穏やかに」「したたかに」生きる極意』（以上、三笠書房《知的生きかた文庫》）など多数がある。

知的生きかた文庫

超訳《ちょうやく》　言志四録《げんししろく》

佐藤《さとう》一斎《いっさい》の「自分《じぶん》に火《ひ》をつける」言葉《ことば》

著　者　田《た》口《ぐち》佳《よし》史《ふみ》

発行者　押鐘太陽

発行所　株式会社三笠書房

〒一〇二-〇〇七二　東京都千代田区飯田橋三-三-一

電話〇三-五二二六-五七三四〈営業部〉

〇三-五二二六-五七三一〈編集部〉

http://www.mikasashobo.co.jp

印刷　誠宏印刷

製本　若林製本工場

ISBN978-4-8379-8332-3 C0130

「知的生きかた文庫」の刊行にあたって

「人生、いかに生きるか」は、われわれにとって永遠の命題である。自分を大切にし、人間らしく生きよう、生きがいのある一生をおくろうとする者が、必ず心をくだく問題である。

小社はこれまで、古今東西の人生哲学の名著を数多く発掘、出版し、幸いにして好評を博してきた。創立以来五十余年の星霜を重ねることができたのも、一に読者の私どもへの厚い支援のたまものである。

このような無量の声援に対し、いよいよ出版人としての責務と使命を痛感し、さらに多くの読者の要望と期待にこたえられるよう、ここに「知的生きかた文庫」の発刊を決意するに至った。

わが国は自由主義国第二位の大国となり、経済の繁栄を謳歌する一方で、生活・文化は安易に流れる風潮にある。いま、個人の生きかた、生きかたの質が鋭く問われ、また真の生涯教育が大きく叫ばれるゆえんである。そしてまさに、良識ある読者に励まされて生まれた「知的生きかた文庫」こそ、この時代の要求を全うできるものと自負する。

本文庫は、読者の教養・知的成長に資するとともに、ビジネスや日常生活の現場で自己実現できるよう、手助けするものである。そして、そのためのゆたかな情報と資料を提供し、読者とともに考え、現在から未来を生きる勇気・自信を培おうとするものである。また、日々の暮らしに添える一服の清涼剤として、読書本来の楽しみを充分に味わっていただけるものも用意した。

良心的な企画・編集を第一に、本文庫を読者とともにあたたかく、また厳しく育ててゆきたいと思う。そして、これからを真剣に生きる人々の心の殿堂として発展、大成することを期したい。

一九八四年十月一日

押鐘冨士雄

C50333

知的生きかた文庫

超訳 孫子の兵法「最後に勝つ人」の絶対ルール

田口佳史

ライバルとの競争、取引先との交渉、トラブルへの対処……孫子を知れば、「駆け引き」と「段取り」に圧倒的に強くなる！ ビジネスマン必読の書！

超訳 老子の言葉「穏やかに」「したたかに」生きる極意

田口佳史

ベストセラーシリーズ第二弾！ 仕事、人生に本当に役立つ「老子」の読み方、生かし方！ せち辛い世の中を賢く生き抜くために、これだけは知っておきたいこと。

超訳 般若心経 〝すべて〟の悩みが小さく見えてくる

境野勝悟

般若心経には、〝あらゆる悩み〟を解消する知恵がつまっている。小さなことにとらわれず、毎日楽しく幸せに生きるためのヒントをわかりやすく〝超訳〟で解説。

禅、シンプル生活のすすめ

枡野俊明

求めない、こだわらない、とらわれない――「世界が尊敬する日本人100人」に選出された著者が説く、ラク～に生きる人生のコツ。開いたページに「答え」があります。

吉田松陰「人を動かす天才」の言葉

楠戸義昭

幕末に松下村塾を主宰して、有能な志士たちを世に送り出した希代の教育者・吉田松陰。その「まっすぐで力強い生き方」が伝わる、珠玉の言葉集。

C50258